Kardinal Friedrich Wetter

Jesus begegnen im Heiligen Land

Herzlichen Dank!

+ Friedrich Card. Wetter

9.4.2014

Das Buch

Der menschgewordene Gott hat zu einer bestimmten Zeit an bestimmten Orten gelebt. Wer diese Orte besucht, spürt die bleibende Präsenz der Ereignisse und erfährt sich selbst als in das Geschehen hineingenommen. Seit vielen Jahren begleitet Kardinal Wetter Pilgergruppen nach Palästina. Dort ist dieses Buch entstanden. Es setzt die Orte des Wirkens Jesu mit den biblischen Texten in Beziehung und erschließt sie geistlich. Ein Buch für alle, die die Botschaft Jesu tiefer verstehen möchten.

Der Autor

Friedrich Kardinal Wetter, geboren 1928 in Landau in der Pfalz; nach Priesterweihe, Promotion und Habilitation Professor für Fundamentaltheologie und Dogmatik in Eichstätt und Mainz; 1968 bis 1982 Bischof von Speyer; 1982 bis 2008 Erzbischof von München und Freising; seit 1985 Kardinal.

Kardinal Friedrich Wetter

Jesus begegnen im Heiligen Land

Ein biblischer Pilgerweg

HERDER

FREIBURG · BASEL · WIEN

HERDER spektrum Band 6583

MIX
Papier aus verantwortungsvollen Quellen
FSC® C083411
FSC
www.fsc.org

www.herder.de

Umschlagkonzeption: Agentur RME Roland Eschlbeck
Umschlaggestaltung: Verlag Herder
Umschlagmotiv: © orcea david – Fotolia.com

Bildredaktion: Stefan Weigand
Satz: Barbara Herrmann, Freiburg
Herstellung: CPI – Clausen & Bosse, Leck

Printed in Germany

ISBN 978-3-451-06583-5

Inhalt

DURCH DAS JORDANTAL

JERUSALEM

Vorwort

Dieses Buch entstand aus der Begleitung von Pilgern auf den Spuren Jesu im Heiligen Land. Es gibt eine ganze Reihe hilfreicher Führer durch das Land Jesu. Das vorliegende Buch unterscheidet sich von ihnen, denn es will nur aufzeigen, was die Heilige Schrift zu den Ereignissen an den einzelnen heiligen Stätten uns sagt. Es zeigt uns, was diese Orte, an denen sich Heilgeschichte ereignete, für den Glauben bedeuten.

An jeder Stätte zeigt sich Gottes Handeln in Jesus Christus in je eigenem Licht. Aus dem, was Jesus an den verschiedenen Orten seines Wirkens gesagt und getan hat, entsteht ein lebendiges Bild dessen, wie Gott, der Sohn, als Mensch auf Erden gelebt hat, um uns zu erlösen und zum Vater zu führen. So führt das Buch von Station zu Station auf einem Glaubensweg immer tiefer in das Christusgeheimnis hinein. Es will uns helfen, mit einem hörenden Herzen wahrzunehmen, was Gott uns mit seinem in der Heiligen Schrift vermittelten Wort an den heiligen Stätten sagt.

Dieses Buch ist nicht nur für jene gedacht, die die heiligen Stätten besuchen oder besucht haben. Auch alle, denen dies nicht vergönnt ist, können anhand der biblischen Darlegungen diesen Glaubensweg gehen, um die Person Jesu Christi und sein Wirken zu unserem Heil tiefer zu erfassen.

Ich danke Frau Professor Dr. Marianne Schlosser für hilfreiche Hinweise, Schwester M. Solemnis Simmelbauer für die Erstellung des Manuskripts und Herrn Burkhard Menke für die verlegerische Betreuung des Buches.

† Friedrich Kardinal Wetter

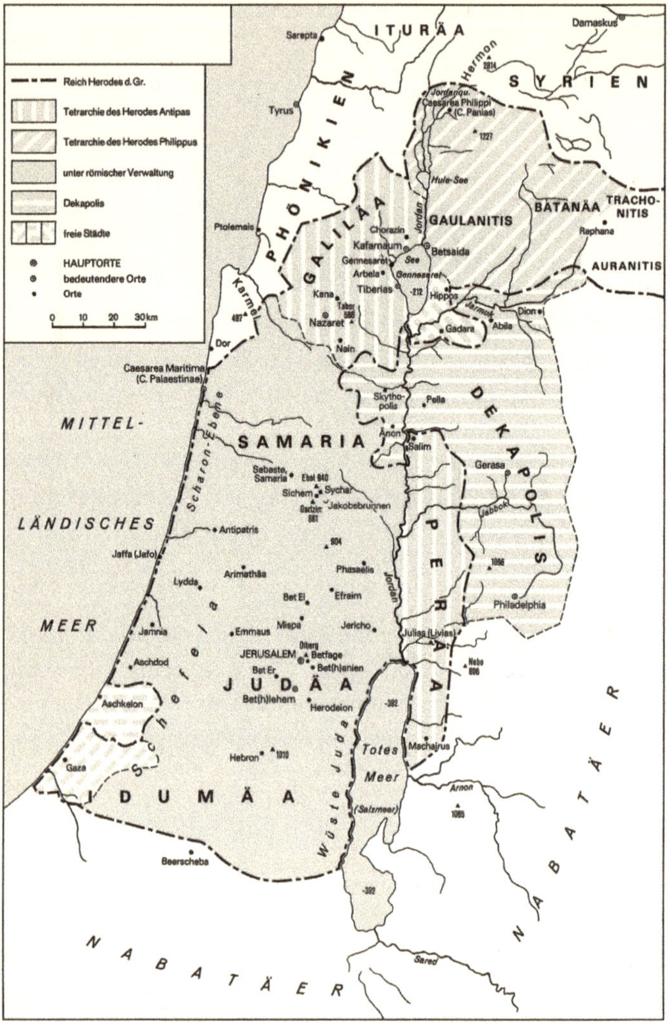

Palästina zur Zeit Jesu

Einleitung

Auf den Spuren Jesu besuchen wir Stätten unseres Glaubens. Denn unser Glaube beruht auf Taten, die Gott in der Geschichte, also in einer bestimmten Zeit und an bestimmten Orten, gewirkt hat. Gottes geschichtliches Handeln fand seinen Höhepunkt in Jesus Christus. Die Stätten seines Wirkens nennen wir darum heilig. Und das Land, in dem das geschah, nennen wir das Heilige Land. Sie sind heilig durch das, was an ihnen geschah. Denn an ihnen wurde Gottes Handeln an den Menschen sichtbar. Auf dem, was Gott in der Geschichte gesagt und getan hat, beruht unser Glaube.

Jesu Wirken ist uns in den vier Evangelien überliefert. Sie führen uns durch das Heilige Land und berichten uns Jesu Worte und Taten. Jeder Evangelist sieht und beschreibt dies unter einem besonderen Aspekt, so dass sich die vier Evangelien gegenseitig ergänzen, indem sie die Person Jesu von verschiedenen Seiten beleuchten.

Wer als Pilger durch das Heilige Land geht, erfährt, dass bei der Lesung der einschlägigen Stellen der Bibel an den heiligen Stätten die Berichte eine besondere Strahlkraft und Tiefe gewinnen. Die biblischen Berichte erfahren durch die räumliche Nähe eine neue Lebendigkeit und führen uns zu einem tieferen Verstehen. Man hat das Heilige Land darum auch das fünfte Evangelium genannt, weil es uns die in den vier Evangelien berichteten Ereignissen in einem neuen Licht sehen lässt.

Unser Pilgerweg führt uns an verschiedene Orte des Lebens und Wirkens Jesu. Wir besuchen die Stätten, doch was dort geschah, liegt 2000 Jahre zurück. Das jüdische Denken überbrückt diesen zeitlichen Abstand. In der Mischna, einer Sammlung jüdischer Lehren aus dem 2. Jahrhundert nach Christus, heißt es: »In jeder Generation ist der Mensch verpflichtet, sich so anzusehen, als wenn er selbst aus Ägypten ausgezogen wäre.«

1996 hielt der israelische Staatspräsident Ezer Weizmann vor dem Deutschen Bundestag in Bonn eine Rede, in der dieses Verständnis von Geschichte sehr anschaulich zum Ausdruck kommt. Er sagte:

> »Ich bin nun nicht mehr ein Jude, der in der Welt umherwandert, der von Staat zu Staat ziehende Emigrant, der von Exil zu Exil getriebene Flüchtling. Doch jeder einzelne Jude in jeder Generation muss sich selbst so verstehen, als ob er dort gewesen wäre – dort bei den Generationen, den Stätten und den Ereignissen, die lange vor seiner Zeit liegen. Daher bin ich immer auf der Wanderschaft, aber nicht mehr auf den abgelegenen Wegen der Welt. Jetzt wandere ich durch die Weite der Zeiten, ziehe von Generation zu Generation, laufe auf den Pfaden der Erinnerungen. Die Erinnerung verkürzt die Distanzen. 200 Generationen sind seit den historischen Anfängen meines Volkes vergangen, und sie erscheinen mir wie wenige Tage. Erst 200 Generationen sind vergangen, seit ein Mensch namens Abraham aufstand, um sein Land und seine Heimat zu verlassen und in ein Land zu ziehen, das heute mein Land ist. Erst 200 Generationen sind seit dem Zeitpunkt vergangen, als Abraham die Machpelah-Höhle in der Stadt Hebron kaufte, bis zu den schweren Konflikten, die sich dort in meiner Generation abspielen.

Erst 150 Generationen sind seit der Feuersäule des Auszugs aus Ägypten bis zu den Rauchsäulen der Shoah vergangen. Und ich, geboren aus den Nachkommen Abrahams im Lande Abrahams, war überall mit dabei.
Ich war ein Sklave in Ägypten und empfing die Tora am Berg Sinai, und zusammen mit Josua und Elija überschritt ich den Jordan. Mit König David zog ich in Jerusalem ein, und mit Zidkija wurde ich von dort ins Exil geführt. Ich habe Jerusalem an den Wassern zu Babel nicht vergessen, und als der Herr Zion heimführte, war ich unter den Träumenden, die Jerusalems Mauern errichteten.
Ich habe gegen die Römer gekämpft und bin aus Spanien vertrieben worden. Ich wurde auf den Scheiterhaufen in Magenza, in Mainz, geschleppt, und habe die Tora im Jemen studiert. Ich habe meine Familie in Kischinev verloren und bin in Treblinka verbrannt worden. Ich habe im Warschauer Aufstand gekämpft und bin nach Eretz Israel gegangen, in mein Land, aus dem ich ins Exil geführt wurde, in dem ich geboren wurde, aus dem ich komme und in das ich zurückkehren werde.
Unstet und flüchtig bin ich, wenn ich den Spuren meiner Väter folge. Wie ich sie dort und in jenen Tagen begleite, so begleiten mich meine Väter und stehen hier und heute neben mir.«

So müssen auch wir die Bibel und in ihr die Evangelien lesen. Wir sind überall mit dabei. Mit den Jüngern begleiten wir Jesus in Galiläa, ziehen mit ihm hinauf nach Jerusalem, gehen mit ihm in den Tempel, feiern mit ihm das Abendmahl, stehen mit Maria beim Kreuz und eilen mit Maria Magdalena am Ostermorgen zum Grab. Bei dem, was wir lesen, sind wir immer dabei.

Das ist keine Phantasie. Denn auch Jesus ist immer dabei, mit der ganzen Geschichte seines Lebens. Der Auferstandene trägt noch die Wundmale der Kreuzigung. Wie er die Wundmale nicht abgelegt hat, so hat er sein Erdenleben nicht zurückgelassen, sondern eingesammelt und durch die Auferstehung verwandelt, mitgenommen in sein Leben in der Ewigkeit. Als solcher ist er bei uns. Im Gedenken werden wir seiner Gegenwart inne. Dieses Gedenken ist mehr als nur Erinnerung. In ihm wird die vergangene Heilsgeschichte gegenwärtig. Die Vergangenheit wird zur Gegenwart. Und umgekehrt werden wir hineingenommen in das einmalige Geschehen von damals. In diesem Sinn kann man sagen, Jesus Christus ist mit uns gleichzeitig, und wir sind es mit ihm.

Da spielt es keine Rolle, ob wir 2000 Jahre davon entfernt sind. Wenn wir glauben, ist uns Christus so nahe wie einst den Jüngern und all den Menschen, denen er damals begegnete. Er ist im Glauben und Beten nur einen Herzschlag von uns entfernt.

Was wir auf unserem Pilgerweg verborgen erfahren, das haben Heilige durch besondere Offenbarungen schauen dürfen. Birgitta von Schweden (1302–1373) berichtet von ihrem Besuch in der Grabeskirche: »Während ich auf dem Kalvarienberg war und heftig weinte, sah ich, wie mein Herr nackt und mit den Spuren der Geißelung zur Kreuzigung geführt wurde.« Von Teresa von Ávila (1515–1582) wird berichtet, sie habe beständig den Auferstandenen an ihrer Seite wahrgenommen. Solche Erfahrungen heiliger Menschen zeigen uns die Nähe Jesu, die auch uns durch den Glauben zuteilwird.

In der Feier der Eucharistie ist der Herr leibhaft bei uns in dem Brot, das er uns reicht und das er selbst ist. Da sind wir ihm so nahe wie die Jünger im Abendmahlsaal und feiern dieses heilige Mahl mit ihm.

Das geschieht nicht nur in der Feier der Eucharistie, sondern auch bereits in der gläubigen Annahme der biblischen Botschaft. Die Jünger haben damals Jesus geschaut und berührt und so unmittelbar Gemeinschaft mit ihm empfangen. Sie verkünden uns, was sie geschaut und gehört haben, damit auch wir mit ihnen Gemeinschaft haben (1 Joh 1,3), d. h. mit ihnen und wie sie in der Gemeinschaft mit Christus leben. So wird das gläubige Lesen der Heiligen Schrift zur Christus-Begegnung. Wir lesen an den heiligen Stätten die einschlägigen Berichte der Evangelien, um dem Herrn zu begegnen. Die heiligen Stätten helfen uns, die Gegenwart des Herrn zu erspüren, so dass dadurch unser ganzes Leben geprägt wird von seiner Gegenwart.

Im Johannesevangelium lesen wir, wie Andreas und Johannes Jesus zum ersten Mal begegnen. Jesus fragt sie: »Was wollt ihr?« Sie antworten ihm: »Rabbi, wo wohnst du?« Daraufhin lädt Jesus sie ein: »Kommt und seht!« (Joh 1,38f.). So lädt Jesus auch uns auf unserem Pilgerweg ein: »Kommt und seht!« Folgen wir ihm auf seinen Spuren! Auf diesem Weg entdecken wir ein lebendiges Bild von Jesus, das die frischen Züge des Ursprungs an sich trägt.

An den Heiligen Stätten will uns die Bibel die Augen öffnen für das, was Jesus, Gott der Sohn, in seinem irdischen Leben für uns getan hat, um uns aus dieser vergänglichen Welt in die Arme Gottes, des Vaters, zu führen.

Im Inneren der Verkündigungsbasilika in Nazaret: Altar in der Verkündigungsgrotte – der Überlieferung nach der Ort, an dem das Wort Gottes sich inkarnierte

DER ANFANG

Nazaret

Im sechsten Monat wurde der Engel Gabriel von Gott in eine Stadt in Galiäa namens Nazaret zu einer Jungfrau gesandt. Sie war mit einem Mann namens Josef verlobt, der aus dem Haus David stammte. Der Name der Jungfrau war Maria. Der Engel trat bei ihr ein und sagte: Sei gegrüßt, du Begnadete, der Herr ist mit dir. Sie erschrak über die Anrede und überlegte, was dieser Gruß zu bedeuten habe. Da sagte der Engel zu ihr: Fürchte dich nicht, Maria; denn du hast bei Gott Gnade gefunden. Du wirst ein Kind empfangen, einen Sohn wirst du gebären: Dem sollst du den Namen Jesus geben. Er wird groß sein und Sohn des Höchsten genannt werden. Gott, der Herr, wird ihm den Thron seines Vaters David geben. Er wird über das Haus Jakob in Ewigkeit herrschen, und seine Herrschaft wird kein Ende haben. Maria sagte zu dem Engel: Wie soll das geschehen, da ich keinen Mann erkenne? Der Engel antwortete ihr: Der Heilige Geist wird über dich kommen, und die Kraft des Höchsten wird dich überschatten. Deshalb wird auch das Kind heilig und Sohn Gottes genannt werden. Auch Elisabet, deine Verwandte, hat noch in ihrem Alter einen Sohn empfangen; obwohl sie als unfruchtbar galt, ist sie jetzt schon im sechsten Monat. Denn für Gott ist nichts unmöglich. Da sagte Maria: Siehe, ich bin die Magd des Herrn; mir geschehe, wie du es gesagt hast. Danach verließ sie der Engel. (Lk 1,26–38)

In größter Verborgenheit geschieht in Nazaret etwas, das die ganze Welt verändern wird: Hier wird der Sohn Gottes Mensch.

Der Evangelist Lukas beschreibt, wie der Engel Gabriel Maria die Botschaft Gottes überbringt, dass sie die Mutter des Erlösers werden soll. Maria fragt, wie das geschehen soll. Dieses Wie ist keine Frage des Zweifels, sondern die Antwort ihrer Bereitschaft. Mit diesem Wie fragt sie nur nach dem, was sie zu tun habe. Der Engel antwortete: »Der Heilige Geist wird über dich kommen und die Kraft des Höchsten wird dich überschatten« (Lk 1,35). Gottes Geist, der schon bei der Erschaffung der Welt am Werk war, wird auch in ihr wirksam werden. Gottes Kraft wird sie wie eine Wolke überschatten. Die Wolke ist in der Bibel ein Bild für die uns nicht zugängliche, geheimnisvolle, aber wirksame Gegenwart Gottes. Er bewirkt mit seinem schöpferischen Tun, dass in ihrem Schoß der Sohn Gottes Mensch wird.

Der Engel überbringt nur die Botschaft; Maria muss in Freiheit antworten. Gott nötigt nicht, er übt keinen Zwang aus. Maria antwortet in voller Freiheit: »Siehe, ich bin die Magd des Herrn; mir geschehe, wie du es gesagt hast« (Lk 1,38). Das ist es, was Gott von ihr erwartet.

Im Johannesevangelium wird das, was hier vor sich geht, kurz so ausgedrückt: »Das Wort ist Fleisch geworden und hat unter uns gewohnt« (Joh 1,14). Der Sohn Gottes hat im Schoß Mariens gleichsam den ersten Fuß auf unsere Erde gesetzt. Er ist wahrer Gott, er hat von Ewigkeit her Gott zum Vater. Und er wird wahrer Mensch, Maria ist seine Mutter. Er ist ganz Gott und ganz Mensch, ein und derselbe, ist wahrer Gott und wahrer Mensch. Gottes Sohn ist nun bei uns, einer von uns.

Der Evangelist Matthäus war mit den Schriften des Alten Testamentes sehr vertraut. Ihm war es ein Anliegen zu zeigen, dass sich die Verheißungen des Alten Bundes in Jesus Christus erfüllen. So erkannte der Evangelist in der Ankündigung des Propheten Jesaja, dass eine Jungfrau einen Sohn gebären und ihm den Namen Immanuel geben wird (Jes 7,14). Im Evangelium heißt es darum: »Dies alles ist geschehen, damit sich erfüllte, was der Herr durch den Propheten gesagt hat: Seht, die Jungfrau wird ein Kind empfangen, einen Sohn wird sie gebären, und man wird ihm den Namen Immanuel geben, das heißt übersetzt: Gott ist mit uns« (Mt 1,22f.).

*

Hier in Nazaret wächst Jesus heran, bis er im Alter von 30 Jahren sein öffentliches Wirken beginnt. In dieser Zeit ist er eingebunden in die familiäre Gemeinschaft mit Maria und Josef, denen er gehorsam ist, und in die Großfamilie, wie das damals üblich war. Der Zusammenhalt der Sippe ist so eng, dass Cousins und Cousinen als Brüder und Schwestern bezeichnet werden (vgl. Mk 3,31f.). In dem damals etwa 400 Einwohner zählenden Nazaret ahnt niemand, dass ihr Mitbürger der Sohn Gottes ist. Jesus führt ein Leben in der Verborgenheit und heiligt dadurch die Normalität des Alltags, auch unseres Alltags. Verborgen ist Gottes Sohn auch bei uns, lebt mit uns und geht mit uns all unsere Wege.

> »Das Haus zu Nazaret ist eine Schule, in der man beginnt, Christi Leben zu verstehen. Es ist die Schule des Evangeliums. Hier nämlich lernen wir vor allem sehen, hören, betrachten und verstehen, welch große und geheime Kraft in dieser schlichten, demütigen und köstlichen Offenbarung des Sohnes Gottes steckt. Nach und nach lernen wir vielleicht auch, ihm nachzufolgen.«
> (Paul VI. 1964 in Nazaret)

Am Beginn des 20. Jahrhunderts hat Charles de Foucauld eine längere Zeit hier als Hausknecht bei den Klarissen gewohnt, um Jesus im verborgenen Leben nachzufolgen.

*

Die Kirche St. Josef in Nazaret erinnert an das Leben der heiligen Familie und lenkt unseren Blick auf den heiligen Josef. Von ihm ist uns kein einziges Wort überliefert.

Dreimal erhält er vom Engel im Traum Gottes Weisung. Jedesmal tut er auf der Stelle, was ihm geheißen wurde.

Als er merkte, dass Maria schwanger war und damit nicht umzugehen wusste, sagte ihm ein Engel des Herrn im Traum: »Josef, Sohn Davids, fürchte dich nicht, Maria als deine Frau zu dir zu nehmen, denn das Kind, das sie erwartet, ist vom Heiligen Geist. Sie wird einen Sohn gebären, dem sollst du den Namen Jesus geben« (Mt 1,20f.).

»Als Josef erwachte, tat er, was der Engel ihm befohlen hatte, und nahm seine Frau zu sich.« Und als das Kind geboren war, gab er ihm den Namen Jesus (Mt 1,24f.). Schweigend erfüllt Josef auf der Stelle, was Gott ihm sagen ließ.

Genauso handelt er, als nach der Heimkehr der Sterndeuter Herodes die Kinder töten lässt. Der Engel des Herrn fordert ihn im Traum auf: »Steh auf, nimm das Kind und seine Mutter, und flieh nach Ägypten; dort bleibe, bis ich dir etwas anderes auftrage.« Noch in der Nacht steht Josef auf und flieht mit dem Kind und seiner Mutter nach Ägypten (Mt 2,13f.).

Und nach dem Tod des Herodes spricht ihn der Engel im Traum noch ein drittes Mal an und heißt ihn, mit dem Kind und seiner Mutter in das Land Israel zu ziehen. Wiederum steht Josef auf und zieht mit dem Kind und seiner Mutter in das Land Israel und lässt sich in Nazaret nieder (Mt 2,19–23), wo die heilige Familie von nun an lebt.

Der heilige Josef, der wortlos auf der Stelle Gottes Willen erfüllt, ist uns allen Vorbild, Gottes Willen auch in unserem Leben zu tun. So ist uns Josef ein Vorbild des Gehorsams, den wir Gott schulden. Und das ist gut so. Denn Gott will nur unser Bestes.

*

Der Evangelist Lukas (4,16–30) berichtet uns vom ersten öffentlichen Auftreten Jesu in Nazaret. Beim Gottesdienst am Sabbat liest Jesus in der Synagoge aus dem Propheten Jesaja vor: »Der Geist des Herrn ruht auf mir; denn der Herr hat mich gesalbt. Er hat mich gesandt, damit ich den Armen eine gute Nachricht bringe … und ein Gnadenjahr des Herrn ausrufe« (Lk 4,18). Dann schließt er das Buch und sagt: Dieses Wort des Propheten hat sich heute erfüllt, und zwar in ihm. Damit beginnt eine neue Zeit, die Zeit des Heils und der Gnade.

Die Leute sind von seiner Rede angetan und zollen Beifall. Trotzdem lehnen sie ihn ab. Sie ertragen es nicht, dass er mit solchem Anspruch auftritt. Sie kennen ihn doch, da er bis vor kurzem als einer von ihnen in ihrer Mitte gelebt hat. Und nun dieser Anspruch, in ihm erfülle sich, was der Prophet Jesaja gesagt hat. Sie trennen, was nicht getrennt werden kann: die Botschaft und die Person. Jesus selbst ist nämlich der Inhalt seiner Botschaft, der Inhalt des Evangeliums.

In ihm erfüllt sich, was Gott den Vätern verheißen hat. Diese Erfüllung haben die Menschen in Nazaret erwartet, darum haben sie gebetet. Und als sie kommt, entspricht sie nicht ihren Vorstellungen und Erwartungen.

Sie verschließen sich Jesus und seiner Botschaft und treiben ihn aus der Stadt hinaus. So erfährt Jesus gleich zu Beginn seines öffentlichen Wirkens in seiner Heimatstadt Unglauben und Ablehnung.

Ain Karem

Nach der Verkündigung eilt Maria in das Bergland von Judäa und besucht Elisabet. Dieser Weg beträgt etwa 150 Kilometer. Seit alter Zeit lokalisiert die Jerusalemer Überlieferung diese Begegnung in Ain Karem. Dort befinden sich zwei Kirchen: die untere, die der Geburt des Täufers Johannes, und die obere, die der Begegnung Mariens mit Elisabet geweiht ist. Ursprünglich gedachte man in der tiefer gelegenen Kirche der Begegnung der beiden schwangeren Frauen und der Geburt Johannes des Täufers, während die oben gelegene Kirche als Stätte galt, an der sich Elisabet mit dem kleinen Johannes versteckt habe, um den kindermordenden Soldaten des Herodes zu entgehen.

Die Kirche der Heimsuchung

> *Nach einigen Tagen machte sich Maria auf den Weg und eilte in eine Stadt im Bergland von Judäa. Sie ging in das Haus des Zacharias und begrüßte Elisabet. Als Elisabet den Gruß Marias hörte, hüpfte das Kind in ihrem Leib. Da wurde Elisabet vom Heiligen Geist erfüllt und rief mit lauter Stimme: Gesegnet bist du mehr als alle anderen Frauen, und gesegnet ist die Frucht deines Leibes. Wer bin ich, dass die Mutter meines Herrn zu mir kommt? In dem Augenblick, als ich deinen Gruß hörte, hüpfte das Kind vor Freude in meinem Leib. Selig ist die, die geglaubt hat, dass sich erfüllt, was der Herr*

ihr sagen ließ. Da sagte Maria: Meine Seele preist die Größe des Herrn, und mein Geist jubelt über Gott, meinen Retter. Denn auf die Niedrigkeit seiner Magd hat er geschaut. Siehe, von nun an preisen mich selig alle Geschlechter. Denn der Mächtige hat Großes an mir getan, und sein Name ist heilig. Er erbarmt sich von Geschlecht zu Geschlecht über alle, die ihn fürchten. Er vollbringt mit seinem Arm machtvolle Taten: Er zerstreut, die im Herzen voll Hochmut sind; er stürzt die Mächtigen vom Thron und erhöht die Niedrigen. Die Hungernden beschenkt er mit seinen Gaben und lässt die Reichen leer ausgehen. Er nimmt sich seines Knechtes Israel an und denkt an sein Erbarmen, das er unsern Vätern verheißen hat, Abraham und seinen Nachkommen auf ewig.
Und Maria blieb etwa drei Monate bei ihr; dann kehrte sie nach Hause zurück. (Lk 1,39–56)

Als Maria Elisabet begrüßt, regt sich das Kind in ihrem Schoß. Dadurch macht der noch nicht geborene Johannes auf den nahenden Jesus aufmerksam. Darin zeigt sich bereits seine Bestimmung als Vorläufer des Herrn an. Vom Geist erfüllt, hüpft er vor Freude über den kommenden Retter auf (v. 44).

Elisabet preist geisterfüllt die einzigartige Berufung Mariens: Sie ist von Gott gesegnet mehr als alle anderen Frauen, denn sie ist die Mutter des Herrn. Ebenfalls preist sie Maria wegen ihres Glaubens selig. Maria hat der Botschaft des Engels geglaubt, während Zacharias ungläubig reagiert hat.

Maria antwortet mit dem Magnifikat. Sie jubelt über Gott, ihren Retter. Sie ist nur seine niedrige Magd. Doch er hat sich ihrer erbarmt. Damit spricht sie die wunderbare Empfängnis Jesu in ihrem Schoß an.

Was Gott an ihr getan hat, reiht sich ein in Gottes große Machttaten, die Gott im Laufe der Geschichte gewirkt hat. Was er an ihr getan hat, das hat er für sein Volk getan.

Was Maria hier sagt, sagt sie nicht nur für sich, sondern stellvertretend auch für das ganze Bundesvolk, für alle von Gott Erlösten. In dem, was Elisabet von ihr sagt und was sie im Magnifikat selbst sagt, steht Maria hier als Urbild der Kirche, im Glauben und im Lobpreis Gottes. Darum singt die Kirche jeden Abend in der Vesper das Magnifikat.

Die Geburtskirche des Johannes

Für Elisabet kam die Zeit der Niederkunft, und sie brachte einen Sohn zur Welt. Ihre Nachbarn und Verwandten hörten, welch großes Erbarmen der Herr ihr erwiesen hatte, und freuten sich mit ihr. Am achten Tag kamen sie zur Beschneidung des Kindes und wollten ihm den Namen seines Vaters Zacharias geben. Seine Mutter aber widersprach ihnen und sagte: Nein, er soll Johannes heißen. Sie antworteten ihr: Es gibt doch niemand in deiner Verwandtschaft, der so heißt. Da fragten sie seinen Vater durch Zeichen, welchen Namen das Kind haben solle. Er verlangte ein Schreibtäfelchen und schrieb zum Erstaunen aller darauf: Sein Name ist Johannes. Im gleichen Augenblick konnte er Mund und Zunge wieder gebrauchen und redete und pries Gott. Und alle, die in jener Gegend wohnten, erschraken, und man sprach von all diesen Dingen im ganzen Bergland von Judäa. Alle, die davon hörten, machten sich Gedanken darüber und sagten: Was wird wohl aus diesem Kind werden? Denn es war deutlich, dass die Hand des Herrn mit ihm war. Sein Vater Zacharias wurde vom Heiligen Geist erfüllt und begann prophetisch zu reden:

Gepriesen sei der Herr, der Gott Israels! Denn er hat sein Volk besucht und ihm Erlösung geschaffen; er hat uns einen starken Retter erweckt im Hause seines Knechtes David. So hat er verheißen von alters her durch den Mund seiner heiligen Prophe-

ten. Er hat uns errettet vor unseren Feinden und aus der Hand aller, die uns hassen; er hat das Erbarmen mit den Vätern an uns vollendet und an seinen heiligen Bund gedacht, an den Eid, den er unserm Vater Abraham geschworen hat; er hat uns geschenkt, dass wir, aus Feindeshand befreit, ihm furchtlos dienen in Heiligkeit und Gerechtigkeit vor seinem Angesicht all unsre Tage. Und du, Kind, wirst Prophet des Höchsten heißen; denn du wirst dem Herrn vorangehen und ihm den Weg bereiten. Du wirst sein Volk mit der Erfahrung des Heils beschenken in der Vergebung der Sünden. Durch die barmherzige Liebe unseres Gottes wird uns besuchen das aufstrahlende Licht aus der Höhe, um allen zu leuchten, die in Finsternis sitzen und im Schatten des Todes, und unsre Schritte zu lenken auf den Weg des Friedens.

Das Kind wuchs heran, und sein Geist wurde stark. Und Johannes lebte in der Wüste bis zu dem Tag, an dem er den Auftrag erhielt, in Israel aufzutreten. (Lk 1,57–80)

Am achten Tag wird Johannes beschnitten und dadurch in das Bundesvolk eingegliedert. Zugleich erhält er seinen Namen. Die Mutter nennt diesen Namen gegen den Vorschlag der Nachbarn und Verwandten, und der mit Stummheit belegte Vater Zacharias bestätigt schriftlich: »Sein Name ist Johannes«, das heißt: »Gott ist gnädig«. Sofort ist die Zunge des Zacharias gelöst und er preist vom Geist erfüllt in prophetischer Rede Gott. Sein Lobpreis, das Benediktus, enthält zwei Teile.

Der erste Teil ist in der Vergangenheit formuliert und sieht in prophetischer Vorausschau das erlösende Kommen Gottes bereits verwirklicht. Wie so oft in der Geschichte Israels ist Gott gekommen, um sein Volk aus der Situation des Unheils zu befreien. Er hat damit die Bundeszusage an die Väter, insbesondere an Abraham (Gen 22,15–19), erfüllt und den Retter aus dem Haus Davids gesandt. Jetzt können wir angstlos in Freiheit vor ihm leben und ihm dienen.

Im zweiten Teil des Benediktus spricht Zacharias von seinem Sohn, und zwar in der Zukunft. Er nennt ihn »Prophet des Höchsten« (v. 76). Der Engel hatte in Nazaret bei Maria Jesus als den »Sohn des Höchsten« bezeichnet (Lk 1,32). Seine Aufgabe wird es sein, dem Herrn vorauszugehen und ihm den Weg zu bereiten und dem Volk das kommende Heil zu verkünden, das Geschenk der barmherzigen Liebe Gottes. Das Licht aus der Höhe wird aufstrahlen. Mit diesem Bild kündigt der Prophet Jesaja Gottes eigenes Kommen an: »Auf, werde Licht, denn es kommt dein Licht und die Herrlichkeit des Herrn geht leuchtend auf über dir. Denn, siehe, Finsternis bedeckt die Erde und Dunkel die Völker, doch über dir geht leuchtend auf der Herr, seine Herrlichkeit erscheint über dir« (Jes 60,1f.).

Im Herrn, dem Johannes die Wege bereitet, erfüllt sich dieses Wort des Propheten. Als »Prophet des Höchsten« geht Johannes »dem Sohn des Höchsten« voran und führt die Menschen zu Jesus, dem Lamm Gottes, das die Sünde der Welt hinwegnimmt. Diese Aufgabe erfüllt Johannes mit seinem Ruf zur Umkehr heute auch an uns, um unsere Schritte auf den Weg des Heiles zu lenken.

Auch diesen Lobpreis des Zacharias hat sich die Kirche zu eigen gemacht und singt ihn jeden Tag im Morgenlob.

Betlehem

In jenen Tagen erließ Kaiser Augustus den Befehl, alle Bewohner des Reiches in Steuerlisten einzutragen. Dies geschah zum erstenmal; damals war Quirinius Statthalter von Syrien. Da ging jeder in seine Stadt, um sich eintragen zu lassen. So zog auch Josef von der Stadt Nazaret in Galiläa hinauf nach Judäa in die Stadt Davids, die Betlehem heißt; denn er war aus dem Haus und Geschlecht Davids. Er wollte sich eintragen lassen mit Maria, seiner Verlobten, die ein Kind erwartete. Als sie dort waren, kam für Maria die Zeit ihrer Niederkunft, und sie gebar ihren Sohn, den Erstgeborenen. Sie wickelte ihn in Windeln und legte ihn in eine Krippe, weil in der Herberge kein Platz für sie war. In jener Gegend lagerten Hirten auf freiem Feld und hielten Nachtwache bei ihrer Herde. Da trat der Engel des Herrn zu ihnen, und der Glanz des Herrn umstrahlte sie. Sie fürchteten sich sehr, der Engel aber sagte zu ihnen: Fürchtet euch nicht, denn ich verkünde euch eine große Freude, die dem ganzen Volk zuteilwerden soll: Heute ist euch in der Stadt Davids der Retter geboren; er ist der Messias, der Herr. Und das soll euch als Zeichen dienen: Ihr werdet ein Kind finden, das, in Windeln gewickelt, in einer Krippe liegt. Und plötzlich war bei dem Engel ein großes himmlisches Heer, das Gott lobte und sprach: Verherrlicht ist Gott in der Höhe, und auf Erden ist Friede bei den Menschen seiner Gnade. Als die Engel sie verlassen hatten und in den Himmel zurückgekehrt waren, sagten die Hirten zueinander: Kommt, wir gehen nach Betlehem, um das Ereignis zu sehen, das uns der Herr verkün-

den ließ. So eilten sie hin und fanden Maria und Josef und das Kind, das in der Krippe lag. Als sie es sahen, erzählten sie, was ihnen über dieses Kind gesagt worden war. Und alle, die es hörten, staunten über die Worte der Hirten. Maria aber bewahrte alles, was geschehen war, in ihrem Herzen und dachte darüber nach. Die Hirten kehrten zurück, rühmten Gott und priesen ihn für das, was sie gehört und gesehen hatten; denn alles war so gewesen, wie es ihnen gesagt worden war. (Lk 2,1–20)

Der König David stammt aus Betlehem. Deshalb heißt dieser Ort »die Stadt Davids« (Lk 2,11). Tausend Jahre vor Christus hat der Prophet Samuel auf Gottes Geheiß David in Betlehem mit Öl zum König gesalbt (1 Sam, 16,4–13). Von Gott erwählt, ist David »der Gesalbte des Herrn«.

Von ihm stammt Jesus ab, der der Christus ist, d. h. der Gesalbte; er ist nicht wie David mit Öl, sondern mit dem Heiligen Geist gesalbt (Jes 61,1; Lk 4,18). Aus Davids Stamm geht Jesus hervor als der neue David, der von Gott mit dem Heiligen Geist gesalbte König des neuen Gottesvolkes.

Niemand kann dem Kind in der Krippe ansehen, wer es ist. Das sagt Gott den Hirten durch seinen Boten, den Engel: »Heute ist euch in der Stadt Davids der Retter geboren; er ist der Messias, der Herr« (Lk 2,11).

Mit drei Titeln wird uns gesagt, wer dieses Kind ist:

– der Retter. *Soter*, Retter, so nannte sich der Kaiser in Rom. Dieses Kind ist der wahre Retter, nicht der Kaiser in Rom.

– der Messias, d. h. der Gesalbte, Christus. Das Kind in der Krippe ist der im Alten Bund verheißene Erlöser, der den Menschen das Heil bringt.

– der Herr. Das Wort Herr – Kyrios – steht im griechischen Alten Testament für Gott. In Jesus ist Gott selbst zu uns gekommen und Mensch geworden, einer von uns.

Der silberne Stern markiert in der Geburtskirche in Betlehem die Stelle, an der der Überlieferung zufolge Jesus geboren wurde.

Das ist der Inhalt der Weihnachtsbotschaft, die allem Volk zuteilwerden soll (Lk 2,10), nicht nur damals, auch heute. Im Kind von Betlehem kommt Gott selbst zu uns, um uns dem Bösen zu entreißen und uns das Heil zu schenken.

*

Als Jesus zur Zeit des Königs Herodes in Betlehem in Judäa geboren worden war, kamen Sterndeuter aus dem Osten nach Jerusalem und fragten: Wo ist der neugeborene König der Juden? Wir haben seinen Stern aufgehen sehen und sind gekommen, um ihm zu huldigen. Als König Herodes das hörte, erschrak er und mit ihm ganz Jerusalem. Er ließ alle Hohenpriester und Schriftgelehrten des Volkes zusammenkommen und erkundigte sich bei ihnen, wo der Messias geboren werden solle. Sie antworteten ihm: In Betlehem in Judäa; denn so steht es bei dem Propheten: Du, Betlehem im Gebiet von Juda, bist keineswegs die unbedeutendste unter den führenden Städten von Juda; denn aus dir wird ein Fürst hervorgehen, der Hirt meines Volkes Israel. Danach rief Herodes die Sterndeuter heimlich zu sich und ließ sich von ihnen genau sagen, wann der Stern erschienen war. Dann schickte er sie nach Betlehem und sagte: Geht und forscht sorgfältig nach, wo das Kind ist; und wenn ihr es gefunden habt, berichtet mir, damit auch ich hingehe und ihm huldige. Nach diesen Worten des Königs machten sie sich auf den Weg. Und der Stern, den sie hatten aufgehen sehen, zog vor ihnen her bis zu dem Ort, wo das Kind war; dort blieb er stehen. Als sie den Stern sahen, wurden sie von sehr großer Freude erfüllt. Sie gingen in das Haus und sahen das Kind und Maria, seine Mutter; da fielen sie nieder und huldigten ihm. Dann holten sie ihre Schätze hervor und brachten ihm Gold, Weihrauch und Myrrhe als Gaben dar. Weil ihnen aber im Traum geboten wurde, nicht zu Herodes zurückzukehren, zogen sie auf einem anderen Weg heim in ihr Land. (Mt 2,1–12)

Das Matthäusevangelium berichtet uns von der Huldigung der Weisen aus dem Morgenland. Sie kommen aus dem Osten an den Königshof in Jerusalem und suchen dort den neugeborenen König der Juden. Denn sie haben »seinen Stern« aufgehen sehen und sind nun gekommen, ihm zu huldigen. Was ist das für ein Stern, verbunden mit einem König aus Israel?

Über tausend Jahre vor Christus, als die Israeliten in das verheißene Land einzogen, hatte der heidnische Seher Bileam folgende Vision: »Ein Stern geht in Jakob auf, ein Zepter erhebt sich in Israel« (Num 24,17). Er sieht einen Stern aus dem Stamm Jakob, der auf den König in Israel hinweist, der das Zepter in Händen hält.

Der Evangelist erzählt nun, dass sich diese alte Weissagung in Jesus Christus erfüllt hat. Der Stern ist den Weisen aufgegangen, und nun suchen sie den neugeborenen König der Juden am Königshof in Jerusalem. Wo sonst? Doch dort finden sie ihn nicht. Der König Herodes erschrickt sogar zu Tode, als er von der Geburt eines neuen Königs hört, und hat Angst um seine Macht. Vor Jesus, dem wahren König, verblasst alle irdische Macht.

Die Schriftgelehrten, von Herodes befragt, verweisen sie auf Betlehem; denn nach dem Propheten Micha wird dort »der Fürst hervorgehen, der Hirt meines Volkes Israel« (Mi 5,1.3).

Die Weisen gehen nach Betlehem; dort leuchtet ihnen der Stern erneut und führt sie zu dem neugeborenen König. Vor ihm fallen sie huldigend nieder und beten ihn an, denn dieses Kind hat göttliche Würde.

Die Weisen kommen aus der Ferne und finden in dem Neugeborenen den Heiland der Welt, während die Menschen in seiner Nähe ihn nicht erkennen. Hier weist uns das Evangelium darauf hin, dass Jesus der Heiland nicht nur der Juden, sondern auch der Heiden ist.

Die Weisen bringen Jesus kostbare Gaben dar, Gold, Weihrauch und Myrrhe. Schon im 3. Jahrhundert sah man im Gold eine Huldigung an den König, im Weihrauch die Verehrung des Gottessohnes und in der Myrrhe einen Hinweis auf sein Sterben.

Mit den Gaben, mit denen die Weisen Jesus beschenken, erfüllt sich auch eine Weissagung. Der Prophet Jesaja schreibt: »Alle kommen von Saba, bringen Gold und Weihrauch und verkünden die ruhmreichen Taten des Herrn« (60,6).

*

Der Engel der Verkündigung verbindet mit der Geburt Jesu den Frieden auf Erden. Wo ist dieser Friede zu finden? Er liegt in der Krippe. Der heilige Paulus schreibt: »Er ist unser Friede« (Eph 2,16). Jesus Christus ist der Friede in

Person. Wo er aufgenommen wird, stellt sich der Friede ein. Die Friedlosigkeit in unserer Welt zeigt uns, wie wenig er noch aufgenommen ist.

Gottes Sohn kommt als Mensch zu uns. In ihm wird Gott für uns sichtbar. Er ist das Ebenbild, die Ikone des unsichtbaren Gottes (Kol 1,15). Darum sagt Jesus im Abendmahlsaal zu Philippus: »Wer mich gesehen hat, hat den Vater gesehen« (Joh 14,9). Wer Gott erkennen will, muss auf Jesus schauen.

Das beginnt schon beim Kind in der Krippe. Das Wehrloseste, was es gibt, ist ein neugeborenes Kind. Wehrlos liegt Jesus in der Krippe, und wie jedes Neugeborene sehnt er sich danach, geliebt zu werden. Darin zeigt sich Gott. Er ist wehrlose Liebe; er schenkt Liebe und bittet uns um unsere Liebe.

Gott ist so groß, dass er alles, die ganze Schöpfung, umfassen kann. Zu seiner Größe aber gehört auch, dass er so klein werden kann wie ein neugeborenes Kind und wir ihn anfassen können. Gott hat sich im Kind von Betlehem hörbar, sichtbar, greifbar gemacht. Gott ist so groß, dass er so klein werden kann, so mächtig, dass er so hilflos, so stark, dass er so schwach werden kann. Der Tod am Kreuz kündigt sich an. Das ist kein Gebilde unserer Phantasie. Was wir in Jesus von Gott erkennen, ist wahr, auch wenn es Stückwerk ist. In diesem Menschenkind kommen wir mit Gott selbst in Berührung. Das ist das tiefe Geheimnis dieses Kindes.

In Betlehem tritt Gott ein in die Welt und in die Menschheitsgeschichte. Hier hat er begonnen, mit uns zu gehen, und er geht auch heute all unsere Wege mit, um uns dorthin zu führen, von wo er gekommen ist: zum Vater.

»Selig, wer Betlehem in seinem Herzen hat« (Hieronymus, der über 30 Jahre bis zu seinem Tod 419 neben der Geburtsgrotte gelebt hat).

Der See Gennesaret

GALILÄA

Am Ufer des Sees Gennesaret

Nachdem man Johannes ins Gefängnis geworfen hatte, ging Jesus wieder nach Galiläa; er verkündete das Evangelium Gottes und sprach: Die Zeit ist erfüllt, das Reich Gottes ist nahe. Kehrt um und glaubt an das Evangelium! Als Jesus am See von Galiläa entlangging, sah er Simon und Andreas, den Bruder des Simon, die auf dem See ihr Netz auswarfen; sie waren nämlich Fischer. Da sagte er zu ihnen: Kommt her, folgt mir nach! Ich werde euch zu Menschenfischern machen. Sogleich ließen sie ihre Netze liegen und folgten ihm. Als er ein Stück weiterging, sah er Jakobus, den Sohn des Zebedäus, und seinen Bruder Johannes; sie waren im Boot und richteten ihre Netze her. Sofort rief er sie, und sie ließen ihren Vater Zebedäus mit seinen Tagelöhnern im Boot zurück und folgten Jesus nach. (Mk 1,14–20)

Nachdem Herodes Johannes den Täufer ins Gefängnis geworfen hat, verlässt Jesus seine Heimatstadt Nazaret und wohnt nun in Kafarnaum, das am Nordufer des Sees Gennesaret liegt. Hier beginnt er sein öffentliches Wirken mit der Verkündigung des Evangeliums – nicht vor den Königen und Großen dieser Welt, sondern bei einfachen Leuten, Fischern, Bauern, Hirten. Hierin zeigt sich schon seine Liebe zu den armen und schlichten Menschen. Er sucht sich nicht bei den Großen einen Namen zu machen. Und zugleich weist er damit auf die Weite seiner Sendung hin.

In dieser Gegend wohnen nämlich Juden und Heiden. Damit zeigt Jesus gleich zu Beginn, dass er der Heiland aller sein wird, auch wenn er sich zunächst nur an die Juden wendet.

Matthäus sieht darin die Weissagung des Jesaja erfüllt, dass dem Volk dieses Gebietes – er nennt es das heidnische Galiläa – ein helles Licht aufleuchtet (Mt 4,13–16). Dieses Licht ist Jesus Christus (Joh 8,12).

Der Kern seiner Botschaft lautet: »Die Zeit ist erfüllt, das Reich Gottes ist nahe. Kehrt um und glaubt an das Evangelium!« (Mk 1,15).

Im Alten Bund hatte Gott das Kommen eines Retters und die Aufrichtung seiner Herrschaft verheißen. Jesus verkündet: Die Zeit ist erfüllt, der von Gott festgesetzte Zeitpunkt ist gekommen. In Jesus wird Gott durchführen, was er verheißen hat. Das Reich Gottes ist nahe, jetzt richtet er seine Herrschaft auf.

Das ist kein Reich mit einer geographischen Umgrenzung wie die Reiche dieser Welt. Es entsteht dadurch, dass Gott sich uns Menschen mitteilt und an seinem Leben teilnehmen lässt. Gott ist Liebe. Und indem er sich uns mitteilt, breitet sich seine Herrschaft aus als Reich der Liebe, der Wahrheit, der Gerechtigkeit und des Friedens. Für die Menschen bedeutet dies Teilhabe an Gottes Leben, an seiner Freude und seinem Glück. Vollendet wird dies erst in der Ewigkeit, wenn Gott »alles in allem« sein wird (1 Kor 15,28). Aber jetzt beginnt es bereits mit Jesus von Nazaret. Und alles, was Jesus tut, auch sein Leiden und Sterben, seine Auferstehung und die Sendung des Heiligen Geistes, ist auf dieses Ziel hin ausgerichtet: unsere Teilhabe an Gottes Leben, Freude und Seligkeit und Leben in Überfülle ohne Ende.

Dieses Reich Gottes, seit Jahrhunderten verheißen und erwartet, ist nun da. In Jesus Christus ist es gekommen. Wir brauchen nur einzutreten.

Das ist der Kern der Frohen Botschaft, die Jesus verkündet. Damit lädt er uns ein, das göttliche Geschenk anzunehmen durch Umkehr und Glauben: »Kehrt um und glaubt an das Evangelium!« (Mk 1,15). Das ist ein Ruf, ihm nachzufolgen und uns von ihm in das Reich Gottes führen zu lassen. Was damals begonnen hat, setzt sich heute bei uns fort. Mit dieser Aufgabe hat Jesus die Kirche betraut: »Geht hinaus in die ganze Welt und verkündet das Evangelium allen Geschöpfen!« (Mk 16,15). Indem sie diesen Auftrag erfüllt, wächst das Reich Gottes und breitet sich aus, und die Menschen erhalten Anteil an Gottes Leben.

Dazu beruft sich Jesus Helfer. Am Ufer des Sees trifft er Fischer, die beiden Brüderpaare Simon (Petrus) und Andreas, Jakobus und Johannes. Er fordert sie auf: »Kommt her, folgt mir nach! Ich werde euch zu Menschenfischern machen« (Mk 1,17). Sie stehen auf, lassen alles zurück und folgen ihm nach. Auch heute geht Jesus durch unser Land, ruft Helfer für seine Sendung und macht sie zu Boten seines Evangeliums.

Kafarnaum

Jesus hat Nazaret verlassen und sich in Kafarnaum niedergelassen. Es ist nun »seine Stadt« (Mt 9,1). Von hier aus verkündet er das Evangelium in Galiäa.

*

Sie kamen nach Kafarnaum. Am folgenden Sabbat ging er in die Synagoge und lehrte. Und die Menschen waren sehr betroffen von seiner Lehre; denn er lehrte sie wie einer, der (göttliche) Vollmacht hat, nicht wie die Schriftgelehrten. In ihrer Synagoge saß ein Mann, der von einem unreinen Geist besessen war. Der begann zu schreien: Was haben wir mit dir zu tun, Jesus von Nazaret? Bist du gekommen, um uns ins Verderben zu stürzen? Ich weiß, wer du bist: der Heilige Gottes. Da befahl ihm Jesus: Schweig und verlass ihn! Der unreine Geist zerrte den Mann hin und her und verließ ihn mit lautem Geschrei. Da erschraken alle, und einer fragte den andern: Was hat das zu bedeuten? Hier wird mit Vollmacht eine ganz neue Lehre verkündet. Sogar die unreinen Geister gehorchen seinem Befehl. Und sein Ruf verbreitete sich rasch im ganzen Gebiet von Galiläa. Sie verließen die Synagoge und gingen zusammen mit Jakobus und Johannes gleich in das Haus des Simon und Andreas. Die Schwiegermutter des Simon lag mit Fieber im Bett. Sie sprachen mit Jesus über sie, und er ging zu ihr, fasste sie an der Hand und richtete sie auf. Da wich das Fieber von ihr, und sie sorgte für sie. Am Abend, als die Sonne untergegangen war, brachte man alle Kranken und Besessenen zu Jesus.

Die ganze Stadt war vor der Haustür versammelt, und er heilte viele, die an allen möglichen Krankheiten litten, und trieb viele Dämonen aus. Und er verbot den Dämonen zu reden; denn sie wussten, wer er war. (Mk 1,21–34)

Markus berichtet uns von den Anfängen des Wirkens Jesu in Kafarnaum. Jesus lehrt in der Synagoge, wo er sein Evangelium verkündet. Er spricht nicht wie die Schriftgelehrten; als der vom Vater gesandte Sohn lehrt er mit göttlicher Vollmacht.

Diese Vollmacht zeigt er auch, indem er in der Synagoge einen von einem unreinen Geist Besessenen befreit und heilt. Die Leute sagen: »Hier wird mit Vollmacht eine ganz neue Lehre verkündet« (Mk 1,27). Im Haus des Petrus, das nur wenige Meter von der Synagoge entfernt ist, heilt er dessen Schwiegermutter vom Fieber. Und am Abend bringen sie ihre Kranken und Besessenen zu ihm, und er heilt sie. In den wunderbaren Heilungen zeigt sich die Vollmacht seiner Worte.

Einige Tage später bringt man einen Gelähmten zu Jesus (Mk 2,1–12), doch bevor Jesus ihn gesund macht, heilt er seine Seele: »Mein Sohn, deine Sünden sind dir vergeben« (v. 5). Mit diesem Wort ist allen klar: Jesus tritt auf mit dem Anspruch göttlicher Vollmacht. Als Mensch Sünden vergeben zu wollen, wäre ein Frevel. Als Erweis, dass er diese Vollmacht in der Tat besitzt, befreit er den Gelähmten von seiner Krankheit. So offenbart sich Jesus als Heiland der Menschen; er entmachtet alle lebensfeindlichen Mächte und heilt den Menschen an Leib und Seele.

In Kafarnaum bittet auch der heidnische Hauptmann Jesus für seinen kranken Diener (Mt 8,5–13). Als Jesus sich bereit erklärt, in sein Haus zu kommen und den Diener gesund zu machen, antwortet der Hauptmann: »Herr, ich bin es nicht wert, dass du mein Haus betrittst; sprich nur ein Wort, dann wird mein Diener gesund.« Vor der heiligen Kommunion sprechen auch wir dieses Wort des Glaubens. Jesus preist den Glauben des Hauptmanns und macht seinen Diener gesund.

Mit seiner in Vollmacht vorgetragenen Botschaft will Jesus die Menschen zur gläubigen Annahme bewegen. Doch in Kafarnaum und den benachbarten Orten, wo er am meisten gewirkt hat, findet er wenig Glauben. Er tadelt die Stadt wegen ihres Unglaubens: »Und du, Kafarnaum, meinst du etwa, du wirst bis zum Himmel erhoben? Nein, in die Unterwelt wirst du hinabgeworfen. Wenn in Sodom die Wunder geschehen wären, die bei dir geschehen sind, dann stünde es noch heute« (Mt 11,23).

Die Ruinen der Synagoge von Kafarnaum

Wie die Menschen damals, so stellt Jesus heute auch uns vor die Entscheidung, sein Evangelium gläubig anzunehmen oder sich ihm im Unglauben zu verschließen. Vor diese Entscheidung ist jeder gestellt.

*

Von Tiberias her kamen andere Boote in die Nähe des Ortes, wo sie nach dem Dankgebet des Herrn das Brot gegessen hatten. Als die Leute sahen, dass weder Jesus noch seine Jünger dort waren, stiegen sie in die Boote, fuhren nach Kafarnaum und suchten Jesus. Als sie ihn am anderen Ufer des Sees fanden, fragen sie ihn: Rabbi, wann bist du hierhergekommen? Jesus antwortete ihnen: Amen, amen, ich sage euch: Ihr sucht mich nicht, weil ihr Zeichen gesehen habt, sondern weil ihr von den Broten gegessen habt und satt geworden seid. Müht euch nicht ab für die Speise, die verdirbt, sondern für die Speise, die für das ewige Leben bleibt und die der Menschensohn euch geben wird. Denn ihn hat Gott, der Vater, mit seinem Siegel beglaubigt. Da fragen sie ihn: Was müssen wir tun, um die Werke Gottes zu vollbringen? Jesus antwortete ihnen: Das ist das Werk Gottes, dass ihr an den glaubt, den er gesandt hat. Sie entgegneten ihm: Welches Zeichen tust du, damit wir es sehen und dir glauben? Was tust du? Unsere Väter haben das Manna in der Wüste gegessen, wie es in der Schrift heißt: Brot vom Himmel gab er ihnen zu essen. Jesus sagte zu ihnen: Amen, amen, ich sage euch: Nicht Mose hat euch das Brot vom Himmel gegeben, sondern mein Vater gibt euch das wahre Brot vom Himmel. Denn das Brot, das Gott gibt, kommt vom Himmel herab und gibt der Welt das Leben. Da baten sie ihn: Herr, gib uns immer dieses Brot! Jesus antwortete ihnen: Ich bin das Brot des Lebens; wer zu mir kommt, wird nie mehr hungern, und wer an mich glaubt, wird nie mehr Durst haben. Aber ich habe euch gesagt: Ihr habt (mich) gesehen, und doch glaubt ihr nicht. Alles, was der Vater mir gibt, wird zu mir kommen, und wer zu mir kommt, den werde ich nicht abweisen, denn ich bin nicht vom Himmel herabgekommen, um meinen Willen zu tun, sondern den Willen dessen, der mich gesandt hat. Es ist aber der Wille dessen, der mich gesandt hat, dass ich keinen von denen, die er mir gegeben hat, zugrunde gehen lasse, sondern dass ich sie auferwecke am Letzten Tag. Denn es ist der Wille meines Vaters, dass alle, die den Sohn sehen und an ihn glauben, das ewige Leben haben und dass ich sie auferwecke am Letzten Tag. Da murrten die Juden gegen ihn, weil er gesagt hatte: Ich bin das Brot, das vom Himmel herabgekommen ist. Und sie sagten: Ist das nicht Jesus, der Sohn Josefs, dessen Vater und Mutter wir kennen? Wie kann er jetzt sagen: Ich bin vom Himmel herabgekommen? Jesus sagte zu ihnen: Murrt nicht! Niemand kann zu mir kommen, wenn nicht der Vater, der mich gesandt hat, ihn zu mir führt; und ich werde ihn auferwecken am Letzten Tag. Bei den Propheten heißt es: Und alle werden Schüler Gottes sein. Jeder, der auf den Vater hört und seine Lehre annimmt, wird zu mir kommen. Niemand hat den Vater gesehen außer dem, der von Gott ist; nur er hat den Vater gesehen. Amen, amen, ich sage euch: Wer glaubt, hat das ewige Leben. Ich bin das Brot des Lebens. Eure Väter haben in der Wüste das Manna gegessen und sind gestorben. So aber ist es mit dem Brot, das vom Himmel herabkommt: Wenn jemand davon isst, wird er nicht sterben. Ich bin das lebendige Brot, das vom Himmel herabgekommen ist. Wer von diesem Brot isst, wird in Ewigkeit leben. Das Brot, das ich geben werde, ist mein Fleisch, (ich gebe es hin) für das Leben der Welt. Da stritten sich die Juden und sagten: Wie kann er uns sein Fleisch zu essen geben? Jesus sagte zu ihnen: Amen, amen, das sage ich euch: Wenn ihr das Fleisch des Menschensohnes nicht esst und sein Blut nicht trinkt, habt ihr das Leben nicht in euch. Wer mein Fleisch isst und mein Blut trinkt, hat das ewige Leben, und ich werde ihn auferwecken am Letzten Tag. Denn mein Fleisch ist wirklich eine Speise, und mein Blut ist wirklich ein Trank. Wer mein Fleisch isst und mein Blut trinkt, der bleibt in mir und ich bleibe ihn ihm. Wie mich der lebendige Vater gesandt hat und wie ich durch den Vater lebe, so wird jeder, der mich isst, durch mich leben. Dies ist das Brot, das vom Himmel herabgekommen ist. Mit ihm ist es nicht wie mit dem Brot, das die Väter gegessen haben; sie sind gestorben. Wer aber dieses Brot isst, wird leben in Ewigkeit. Diese Worte sprach Jesus, als er in der Synagoge von Kafarnaum lehrte. (Joh 6,23–59)

Um den Glauben geht es Jesus auch in seiner großen Rede, die er nach der wunderbaren Brotvermehrung (Joh 6,1–15) in der Synagoge von Kafarnaum gehalten hat.

Die Menschen kommen zu Jesus und wollen wieder Brot haben. Jesus erfüllt ihnen diese Bitte nicht, knüpft aber an sie an und lenkt ihren Blick auf ein anderes Brot. Dazu benutzt er den Vergleich mit dem Manna, das die Väter in der Wüste gegessen haben. Dieses Manna war ein Geschenk Gottes, aber es war irdische Speise. Jetzt aber gibt der Vater das wahre Brot, das nicht von dieser Welt ist, sondern vom Himmel herabkommt. Dieses himmlische Brot gibt der Welt das Leben. Dieses Brot ist Jesus selbst. »Ich bin das Brot, das vom Himmel herabgekommen ist.«

Dieses Brot wird gegessen durch den Glauben. Die irdische Speise nehmen wir zu uns durch den Mund; Jesus, das Brot vom Himmel, nehmen wir in uns auf durch den Glauben. Glauben heißt zu Jesus kommen und ihn aufnehmen.

Dieses wahre himmlische Brot schenkt uns der Vater. Er hilft uns auch, Jesus im Glauben aufzunehmen. Jesus sagt nämlich: »Niemand kann zu mir kommen, wenn nicht der Vater, der mich gesandt hat, ihn zieht« (v. 44). So heißt es wörtlich im griechischen Text. Mit dem Bild vom Ziehen wird die Gnade des Glaubens veranschaulicht. Durch die Gnade zieht Gott den Menschen mit der Kraft seiner Liebe zu Jesus. Ohne diese Hilfe Gottes können wir nicht glauben und nicht zu Jesus kommen. Zugleich aber lässt uns die Anziehungskraft der göttlichen Liebe unsere Freiheit. Denn glauben kann man nur aus freien Stücken.

Jesus gibt sich uns als Brot des Lebens auch als leibhafte Speise in den eucharistischen Gaben. Er sagt: »Das Brot, das ich geben werde, ist mein Fleisch, (ich gebe es hin) für das Leben der Welt. ... Wer mein Fleisch isst und mein Blut trinkt, der bleibt in mir und ich bleibe in ihm« (v. 51.56). In dieser Speise wird uns innigste Gemeinschaft mit Christus geschenkt und zugleich das Unterpfand gegeben, dass wir auferstehen und ewig leben werden. »Wer dieses Brot isst, wird leben in Ewigkeit« (v. 58). Mit ihm empfangen wir »die Arznei der Unsterblichkeit, ein Gegengift, dass man nicht stirbt, sondern lebt in Jesus Christus immerdar« (Ignatius von Antiochien).

Beim Empfang der heiligen Kommunion wird uns Jesus, das Brot vom Himmel, gereicht mit den Worten: »Der Leib Christi«. Unser »Amen« ist das Bekenntnis unseres Glaubens, mit dem wir Jesus aufnehmen. Denn wir können ihn nur aufnehmen, wenn wir an seine wirkliche Gegenwart im eucharistischen Brot glauben.

*

Daraufhin zogen sich viele Jünger zurück und wanderten nicht mehr mit ihm umher. Da fragte Jesus die Zwölf: Wollt auch ihr weggehen? Simon Petrus antwortete ihm: Herr, zu wem sollen wir gehen? Du hast Worte des ewigen Lebens. Wir sind zum Glauben gekommen und haben erkannt: Du bist der Heilige Gottes. Jesus erwiderte: Habe ich nicht euch, die Zwölf, erwählt? Und doch ist einer von euch ein Teufel. Er sprach von

Judas, dem Sohn des Simon Iskariot; denn dieser sollte ihn verraten: einer der Zwölf. (Joh 6,66–71)

Mit dieser Botschaft stellt Jesus die Leute vor die Entscheidung. Es kommt zur Spaltung. Sogar viele Jünger ziehen sich von ihm zurück und kündigen die Nachfolge auf. Jesus nimmt von seinen Worten nichts zurück und fragt nun die Zwölf: »Wollt auch ihr gehen?« Petrus antwortet im Namen der Zwölf: »Herr, zu wem sollen wir gehen? Du hast Worte des ewigen Lebens. Wir sind zum Glauben gekommen und haben erkannt: Du bist der Heilige Gottes« (Joh 6,68f.). Das soll auch unsere Antwort sein, unsere Treue, die sich im Glauben an Jesus bewährt.

Tabgha

Als Jesus all das hörte, fuhr er mit dem Boot in eine einsame Gegend, um allein zu sein. Aber die Leute in den Städten hörten davon und gingen ihm zu Fuß nach. Als er ausstieg und die vielen Menschen sah, hatte er Mitleid mit ihnen und heilte die Kranken, die bei ihnen waren. Als es Abend wurde, kamen die Jünger zu ihm und sagten: Der Ort ist abgelegen, und es ist schon spät geworden. Schick doch die Menschen weg, damit sie in die Dörfer gehen und sich etwas zu essen kaufen können. Jesus antwortete: Sie brauchen nicht wegzugehen. Gebt ihr ihnen zu essen! Sie sagten zu ihm: Wir haben nur fünf Brote und zwei Fische bei uns. Darauf antwortete er: Bringt sie her! Dann ordnete er an, die Leute sollten sich ins Gras setzen. Und er nahm die fünf Brote und die zwei Fische, blickte zum Himmel auf, sprach den Lobpreis, brach die Brote und gab sie den Jüngern; die Jünger aber gaben sie den Leuten, und alle aßen und wurden satt. Als die Jünger die übriggebliebenen Brotstücke einsammelten, wurden zwölf Körbe voll. Es waren etwa fünftausend Männer, die an dem Mahl teilnahmen, dazu noch Frauen und Kinder. (Mt 14,13–21)

In der Kirche von Tabgha erinnert das Mosaik mit den fünf Broten und zwei Fischen vor dem Altar an die wunderbare Brotvermehrung. Das Mosaik stammt aus dem 5. Jahrhundert, doch ist das Gedenken an die Brotvermehrung an diesem Ort schon im 4. Jahrhundert bezeugt.

Fünf Brote und zwei Fische – Bodenmosaik in der Kirche von Tabgha

Jesus empfindet Mitleid mit den hungernden Menschen. Er sieht nicht nur den leiblichen, sondern auch den seelischen Hunger nach Gerechtigkeit (Mt 5,6), die Sehnsucht nach Leben im umfassenden Sinn.

Um den Hunger des Leibes zu stillen, lässt Jesus seine Jünger fünf Brote und zwei Fische an eine über fünftausendköpfige Menge verteilen. Von dem Wenigen werden alle satt, ja es bleiben noch zwölf Körbe voll übrig.

Diese Speisung erinnert uns an das Manna, mit dem Gott das Volk Israel auf dem Zug durch die Wüste gespeist hat (Ex 16,1–18). Mit diesem Wunder verspricht uns Jesus, dass er uns für den Pilgerweg unseres Lebens auch ein Brot vom Himmel geben wird. Dieses Brot wird er selbst sein. »Ich bin das Brot des Lebens« (Joh 6,35) sagt Jesus, und weiter: »Ich bin das lebendige Brot, das vom Himmel herabgekommen ist. Wer von diesem Brot isst, wird in Ewigkeit leben« (Joh 6,51). Die das Manna in der Wüste gegessen haben, sind gestorben; die das Manna des Neuen Bundes essen, werden ewig leben.

Im Manna des Neuen Bundes gibt sich uns Jesus, Gottes Sohn, zur Speise und teilt mit uns sein Leben. Wenn aber Gott mit uns das Leben teilt, dann fließt es in Überfülle. Das zeigt uns Jesus nicht nur mit den zwölf Körben an, in denen die übrig gebliebenen Speisen eingesammelt wurden. Auch sonst verweist uns Jesus auf die Überfülle seiner Gaben, zum Beispiel bei der Hochzeit zu Kana mit den sechs Krügen voll guten Weines (Joh 2,1–12), welche die verschwenderische Fülle von etwa 600 Litern enthalten, oder mit dem Fischfang des Petrus, der so viele Fische fing, dass die Netze zu zerreißen drohten und andere Fischer ihm helfen mussten, den überreichen Fang ans Ufer zu bringen (Lk 5,1–11).

Damit offenbarte Jesus den Sinn seiner Sendung durch den Vater: »Ich bin gekommen, dass sie das Leben haben und es in Fülle haben« (Joh 10,10). Die Quelle dieser Lebensfülle ist er selbst: »Aus seiner Fülle haben wir alle empfangen ›Gnade über Gnade‹ (Joh 1,16). Denn »in ihm allein wohnt wirklich die ganze Fülle Gottes« (Kol 2,9), schreibt der heilige Paulus.

Der Überfluss der Gaben Jesu verweist auf den Überfluss der Liebe, die der Vater uns in seinem Sohn schenkt. Es ist die Liebe, mit der er den Sohn in den Tod am Kreuz dahingibt. »Gott hat seinen eigenen Sohn nicht verschont, sondern ihn für uns alle hingegeben – wie sollte er uns mit ihm nicht alles schenken?« (Röm 8,32). Dieses Alles ist er selbst.

Wir leben aus dem Überfluss der Liebe Gottes. »Göttliches Leben ist Liebe, überströmende, unbedürftige, frei sich schenkende Liebe« (Edith Stein).

Dem muss auch unsere Antwort entsprechen. Sie darf nicht kleinlich sein, sondern soll aus der Fülle unseres Herzens hervorgehen, indem wir »Gott lieben mit ganzem Herzen und ganzer Seele, mit all unseren Gedanken und all unserer Kraft« (Mk 12,30).

Die Primatskapelle

Danach offenbarte sich Jesus den Jüngern noch einmal. Es war am See von Tiberias, und er offenbarte sich in folgender Weise. Simon Petrus, Thomas, genannt Didymus (Zwilling), Natanael aus Kana in Galiläa, die Söhne des Zebedäus und zwei andere von seinen Jüngern waren zusammen. Simon Petrus sagte zu ihnen: Ich gehe fischen. Sie sagten zu ihm: Wir kommen auch mit. Sie gingen hinaus und stiegen in das Boot. Aber in dieser Nacht fingen sie nichts. Als es schon Morgen wurde, stand Jesus am Ufer. Doch die Jünger wussten nicht, dass es Jesus war. Jesus sagte zu ihnen: Meine Kinder, habt ihr nicht etwas zu essen? Sie antworteten ihm: Nein. Er aber sagte zu ihnen: Werft das Netz auf der rechten Seite des Bootes aus, und ihr werdet etwas fangen. Sie warfen das Netz aus und konnten es nicht wieder einholen, so voller Fische war es. Da sagte der Jünger, den Jesus liebte, zu Petrus: Es ist der Herr! Als Simon Petrus hörte, dass es der Herr sei, gürtete er sich das Obergewand um, weil er nackt war, und sprang in den See. Dann kamen die anderen Jünger mit dem Boot – sie waren nämlich nicht weit vom Land entfernt, nur etwa zweihundert Ellen – und zogen das Netz mit den Fischen hinter sich her. Als sie an Land gingen, sahen sie am Boden ein Kohlenfeuer und darauf Fisch und Brot. Jesus sagte zu ihnen: Bringt von den Fischen, die ihr gerade gefangen habt. Da ging Simon Petrus und zog das Netz an Land. Es war mit hundertdreiundfünfzig großen Fischen gefüllt, und obwohl es so viele waren, zerriss das Netz nicht. Jesus sagte zu ihnen: Kommt her und esst! Keiner von den Jüngern wagte ihn zu fragen: Wer bist du? Denn sie wussten, dass es der Herr war. Jesus trat heran, nahm das Brot und gab es ihnen, ebenso den Fisch. Dies war schon das dritte Mal, dass Jesus sich den Jüngern offenbarte, seit er von den Toten auferstanden war. Als sie gegessen hatten, sagte Jesus zu Simon Petrus: Simon, Sohn des Johannes, liebst du mich mehr als diese? Er antwortete ihm: Ja, Herr, du weißt, dass ich dich liebe. Jesus sagte zu ihm: Weide meine Lämmer! Zum zweiten Mal fragte er ihn: Simon, Sohn des Johannes, liebst du mich? Er antwortete ihm: Ja, Herr, du weißt, dass ich dich liebe. Jesus sagte zu ihm: Weide meine Schafe! Zum dritten Mal fragte er ihn: Simon, Sohn des Johannes, liebst du mich? Da wurde Petrus traurig, weil Jesus ihn zum dritten Mal gefragt hatte: Hast du mich lieb? Er gab ihm zur Antwort: Herr, du weißt alles; du weißt, dass ich dich lieb habe. Jesus sagte zu ihm: Weide meine Schafe! Amen, amen, das sage ich dir: Als du noch jung warst, hast du dich selbst gegürtet und konntest gehen, wohin du wolltest. Wenn du aber alt geworden bist, wirst du deine Hände ausstrecken, und ein anderer wird dich gürten und dich führen, wohin du nicht willst. Das sagte Jesus, um anzudeuten, durch welchen Tod er Gott verherrlichen würde. Nach diesen Worten sagte er zu ihm: Folge mir nach! (Joh 21,1–19)

In den Tagen nach Ostern befinden sich einige Jünger wieder in Galiäa am See Gennesaret. Auf Initiative des Petrus gehen sie zum Fischen, fangen aber nichts. Bei der Rückkehr steht Jesus am Ufer, doch sie erkennen ihn nicht. Obwohl die für den Fischfang günstige Zeit vorbei ist, werfen sie auf Jesu Wort hin nochmals ihr Netz aus. Diesmal ist es so voll, dass es zu zerreißen droht.

Nun erkennt der Jünger, den Jesus liebte, den Auferstandenen: »Es ist der Herr!« Die Liebe öffnet die Augen, um

Jesus zu erkennen. Petrus zieht das mit 153 Fischen übervolle Netz an Land – ein Bild der Kirche, die Jesus dem Petrus anvertrauen wird. Schon bei seiner Berufung hatte Jesus Petrus gesagt, dass er Menschenfischer werde: »Fürchte dich nicht! Von jetzt an wirst du Menschen fangen« (Lk 5,10; Mt 4,19). Auch damals schon wird von einem wunderbaren Fischfang und übervollen, nicht zerreißenden Netzen gesprochen. Das Netz, das nicht zerreißt, verweist auf die nicht zerstörbare Einheit der nachösterlichen Kirche, und das übervolle Netz ist eine Verheißung der universalen Fruchtbarkeit der Kirche.

Am Ufer hat Jesus ein Mahl vorbereitet und lädt als Gastgeber die Jünger ein, etwas von ihren Fischen dazuzulegen. In diesem Mahl zeigt er ihnen, dass sich ihre Gemeinschaft mit dem Auferstandenen fortsetzt. In diesem österlichen Mahl dürfen wir auch einen Hinweis auf die Eucharistie sehen, die er uns bereitet und in der er uns einlädt, uns selbst darin einzubringen, wie die Jünger von ihren Fischen zum Mahl beigetragen haben. In dieser Feier schenkt uns der Auferstandene eine tiefe Gemeinschaft mit sich, die die Gemeinschaft der Jünger mit dem irdischen Jesus übertrifft.

Nach dem Mahl fragt Jesus Petrus dreimal nach seiner Liebe, und zwar nach der größeren Liebe, welche die Liebe der anderen übertrifft. Er wird ihm ja auch mehr anvertrauen. Petrus, der dreimal durch die Verleugnung seines Herrn gefehlt hat, bekennt nun dreimal sehr demütig seine Liebe zu Jesus. Die dreimalige Wiederholung ist Ausdruck der Endgültigkeit seiner Liebe und Treue.

Dreimal sagt Jesus zu Petrus: Weide meine Lämmer, weide meine Schafe! Damit bestellt er ihn zum obersten Hirten seiner Herde, d. h. seiner Kirche. Jesus ist und bleibt der gute Hirt der Seinen. Der 1. Petrusbrief nennt Jesus den »obersten Hirten« oder »Erzhirten« (1 Petr 5,4). Die Herde

Die Primatskapelle in Tabgha

bleibt Jesu Herde, die Kirche bleibt die Kirche Jesu Christi. Petrus, von ihm zum Hirten der ganzen Kirche bestellt, übt dieses Amt aus in Jesu Namen und in seiner Vollmacht. Jesus leitet seine Kirche durch Petrus. Dieses dem Petrus übertragene Hirtenamt lebt weiter im Nachfolger Petri, dem Papst.

Jesus sagt Petrus auch, was ihn erwartet. Das ist kein Triumphzug, sondern ein Kreuzweg. Ein anderer wird ihn gürten und hinführen, wohin er nicht will. Damit deutet Jesus an, durch welchen Tod Petrus Gott verherrlichen wird, durch den Kreuzestod wie Jesus. Das geschah unter Kaiser Nero (54–68) in Rom, wo er unter der heutigen Peterskirche sein Grab fand. Das letzte Wort, das Jesus zu Petrus sagt, lautet: »Folge mir nach!« Diesen Ruf seines Herrn hat Petrus vollendet mit seinem Tod, bei dem er der Überlieferung zufolge mit dem Kopf nach unten gekreuzigt wurde.

Was Jesus dem obersten Hirten der Kirche sagt, müssen sich alle zu Herzen nehmen, die in der Kirche das Amt eines Hirten ausüben.

Der Berg der Seligpreisungen

Die Bergpredigt

Am Sinai übergab Mose dem alttestamentlichen Bundesvolk Israel das Gesetz, die Tora, als Lebensordnung. Er tat dies im Auftrag Gottes.

In der Bergpredigt (Mt 5–7) übergibt Jesus die Lebensordnung für das Gottesvolk des Neuen Bundes. Jesus tut dies in eigener Vollmacht und erhebt damit göttlichen Anspruch. Denn er ist ja der Sohn Gottes. Mit der Bergpredigt hebt Jesus die Lebensordnung des Alten Bundes, das Gesetz, nicht auf, sondern erfüllt und vollendet es. Gott hebt ja auch den Alten Bund nicht auf, sondern überführt ihn in seiner Treue in den Neuen Bund, in dem er ihn vollendet.

Das Gesetz ist zusammengefasst im ersten und wichtigsten Gebot, Gott zu lieben aus ganzem Herzen, mit ganzer Seele und mit all unseren Gedanken, und den Nächsten zu lieben wie uns selbst (Mk 12,28–34). Jesus und die Schriftgelehrten stimmen darin völlig überein.

Jesus hat selbst so gelebt, wie er es uns in der Bergpredigt vor Augen führt. So lebt der menschgewordene Sohn Gottes. Er ist das Modell des neuen Menschen und zeigt uns, wie wir als Söhne und Töchter Gottes leben sollen. Die Bergpredigt mit ihrem hohen Ethos ist keine Sonderlehre für besonders Erwählte, sondern gilt allen, die sich durch den Glauben der Herrschaft Gottes unterstellen und dadurch im Kraftfeld der Liebe Gottes leben. Sie ist das Lebensprogramm für uns alle und leitet uns an, unseren Schwerpunkt in Gott zu verlagern. Seine Liebe gibt uns die Kraft, die scheinbar unerreichbaren Höhen der Bergpredigt, der Magna Charta des Christentums, zu erreichen. Diese entschiedene, kompromisslose Hinwendung zu Gott ändert unser Leben von Grund auf.

Gandhi sagte: »Aufgrund dieses Textes habe ich gelernt, Jesus zu lieben.«

Die Seligpreisungen

Er sagte:
Selig, die arm sind vor Gott;
denn ihnen gehört das Himmelreich.
Selig die Trauernden;
denn sie werden getröstet werden.
Selig, die keine Gewalt anwenden;
denn sie werden das Land erben.
Selig, die hungern und dürsten nach der Gerechtigkeit;
denn sie werden satt werden.
Selig die Barmherzigen;
denn sie werden Erbarmen finden.
Selig, die ein reines Herz haben;
denn sie werden Gott schauen.
Selig, die Frieden stiften;
denn sie werden Söhne Gottes genannt werden.
Selig, die um der Gerechtigkeit willen verfolgt werden;
denn ihnen gehört das Himmelreich.
Selig seid ihr, wenn ihr um meinetwillen beschimpft und verfolgt und auf alle mögliche Weise verleumdet werdet. Freut euch und jubelt: Euer Lohn im Himmel wird groß sein. Denn so wurden schon vor euch die Propheten verfolgt. (Mt 5,3–12)

Die Kirche auf dem Berg der Seligpreisungen

Jesus preist Menschen selig, die wir bedauern: die Armen, die Trauernden, die Verfolgten, Menschen, denen es gar nicht gut geht.

Warum preist er gerade sie selig? Weil Gott sie liebt, und weil sie an seine Liebe glauben, die ihr irdisches Leben mit all seiner Not in himmlisches Glück verwandeln wird. Darum gehört ihnen die Zukunft, die Gott ihnen bei sich bereitet. Diese Zukunft ändert bereits jetzt ihr Leben. Darum werden sie jetzt schon seliggepriesen.

> »Die Seligpreisungen bauen Kontraste auf: zwischen arm und reich, traurig und freudig, hungrig und satt. Was jetzt schlecht ist, macht Gott wieder gut. Die Seligpreisungen stellen aber auch Zusammenhänge her: Wer hier und jetzt barmherzig ist und ein reines Herz hat und Frieden stiftet, wird das nie bereuen, sondern im Übermaß göttlichen Lohn erhalten. Und wer um der Gerechtigkeit willen verfolgt wird, braucht nicht zu befürchten, sie auf immer und ewig entbehren zu müssen, sondern wird sie in Vollendung genießen können. So werden die Hungernden gesättigt und die Trauernden getröstet und die Armen reich gemacht.« (Thomas Söding)

Die größere Gerechtigkeit

> *Wenn eure Gerechtigkeit nicht weit größer ist als die der Schriftgelehrten und Pharisäer, werdet ihr nicht in das Himmelreich kommen. (Mt 5,20)*

Jesus verlangt nicht, den Buchstaben des Gesetzes noch konsequenter zu beobachten, sondern zu erfüllen, was Gott mit dem Gesetz letztlich will.

Jesus zeigt dies an Beispielen (5,21–48): nicht nur nicht töten, sondern sich versöhnen; nicht nur die Ehe nicht brechen, sondern nicht einmal mit einem lüsternen Blick eine Frau anschauen; so lauter und wahrhaftig sein, dass der Eid überflüssig wird. Hass, Feindschaft, Rache oder Vergeltung haben keinen Platz mehr im Reich Gottes. An deren Stelle tritt die Feindesliebe, die am Handeln des Vaters im Himmel Maß nimmt, der seine Sonne aufgehen lässt über Bösen und Guten und es regnen lässt über Gerechte und Ungerechte.

Die Gewaltlosigkeit, die uns Jesus in der Bergpredigt ans Herz legt, ist nicht Schwäche, sondern Stärke, nicht Passivität, sondern höchste Aktivität. So hat auch Jesus am Kreuz gewaltlos das Böse überwunden.

Das Maß, an dem wir als Kinder Gottes gemessen werden, ist Gott selbst, unser Vater im Himmel. Doch wie kann man den unsichtbaren Gott zum Maßstab unseres Handelns machen? Jesus hat es uns vorgelebt. Als Sohn Gottes lebte er in voller Übereinstimmung mit dem Vater. Jesus sagt uns dies ausdrücklich: »Er, der mich gesandt hat, ist bei mir; er hat mich nicht allein gelassen, weil ich immer das tue, was ihm gefällt« (Joh 8,29). Indem wir Jesus nachfolgen, formen auch wir unser Leben nach dem Vorbild des Vaters. Das Ideal ist unerreichbar, aber es nimmt uns in die Pflicht, Tag für Tag nach ihm zu streben.

»Ihr sollt also vollkommen sein, wie es auch euer himmlischer Vater ist« (Mt 5,48). Dazu brauchen wir ein Herz, das erfüllt ist von der Liebe Gottes. Wenn das Herz in Ordnung ist, dann stimmt auch unser Tun. Darum sagte Augustinus: »Liebe, und dann tu, was du willst.«

*

Zum Vaterunser siehe das Kapitel über die Pater-Noster-Kirche am Ölberg (Seite 115).

Auf dem See Gennesaret

Wiederholt fährt Jesus mit den Jüngern über den See. Einmal hat er auch vom See aus im Schiff des Petrus die Menschen, die am Ufer in einer Bucht lagerten, gelehrt.

Zweimal berichten uns die Evangelien von einem Sturm.

> *Am Abend dieses Tages sagte er zu ihnen: Wir wollen ans andere Ufer hinüberfahren. Sie schickten die Leute fort und fuhren mit ihm in dem Boot, in dem er saß, weg; einige andere Boote begleiteten ihn. Plötzlich erhob sich ein heftiger Wirbelsturm, und die Wellen schlugen in das Boot, so dass es sich mit Wasser zu füllen begann. Er aber lag hinten im Boot auf einem Kissen und schlief. Sie weckten ihn und riefen: Meister, kümmert es dich nicht, dass wir zugrunde gehen? Da stand er auf, drohte dem Wind und sagte zu dem See: Schweig, sei still! Und der Wind legte sich, und es trat völlige Stille ein. Er sagte zu ihnen: Warum habt ihr solche Angst? Habt ihr noch keinen Glauben? Da ergriff sie große Furcht, und sie sagten zueinander: Was ist das für ein Mensch, dass ihm sogar der Wind und der See gehorchen? (Mk 4,35–41)*

Bei Nacht geraten die Jünger in einen heftigen Sturm. Ihr Boot beginnt sich mit Wasser zu füllen. Doch Jesus schläft. Der im Sturm schlafende Jesus ist ein Bild dessen, der sich in Gottes Hand geborgen weiß. In ihrer Angst wecken ihn die Jünger. Er gebietet dem Sturm, und es tritt völlige Stille ein. Jesus fragt seine Jünger: »Warum habt ihr solche Angst? Habt ihr noch keinen Glauben?« (v. 40).

Jesus nimmt mit diesem Sturm die Jünger in eine Glaubensschule. Sie bestehen diese Probe nicht. Mit ihrer Angst zeigen sie, dass es ihnen am Glauben noch fehlt.

Das Schifflein im Sturm ist ein Bild auch unseres Lebens und ein Bild der Kirche. Der Christ wird in den Stürmen seines Lebens auf die Probe gestellt, ob er glaubt, dass Jesus ihn durch alle Stürme trägt. Auch die Kirche wird durch die Stürme der Geschichte erprobt. Ihre Geschichte bezeugt es uns. Und auch heute ist das nicht anders. Die Kirche muss zeigen, dass sie sich an dem unsichtbar in ihr anwesenden Herrn festhält und darum auch in den gefährlichsten Bedrängnissen nicht untergehen kann.

Jesus ist bei uns, auch wenn wir ihn nicht sehen können und meinen, er schlafe. Indem er den Seesturm stillt, zeigt er seine göttliche Vollmacht. Die Herrschaft über die Fluten des Meeres ist Ausweis göttlicher Schöpfermacht. So heißt es in den Psalmen: »Einst hat die Urflut die Erde bedeckt wie ein Kleid, die Wasser standen über den Bergen. Sie wichen vor deinem Drohen zurück, sie flohen vor der Stimme deines Donners« (Ps 104,6f.). Indem Jesus dem See Ruhe verschafft, offenbart er sich als Träger göttlicher Schöpfermacht.

Jesus ist bei uns im Schiff des Lebens, auch in allen Gefahren. Darum brauchen wir keine Angst ums Überleben zu haben. Wir müssen an ihn glauben.

> »Der Unglaube beginnt dort, wo der Christ nicht bereit ist, aus Feigheit und Angst mit Jesus und anderen Menschen Gefahren auf sich zu nehmen und zu teilen. Positiv gewendet: Der Glaube folgt Jesus in die Dunkelheit des Leids. Er darf dann auch in der Gemeinschaft der Kirche ein Hoffender sein.« (Joachim Gnilka)

Gleich darauf forderte er die Jünger auf, ins Boot zu steigen und an das andere Ufer vorauszufahren. Inzwischen wollte er die Leute nach Hause schicken. Nachdem er sie weggeschickt hatte, stieg er auf einen Berg, um in der Einsamkeit zu beten. Spät am Abend war er immer noch allein auf dem Berg. Das Boot aber war schon viele Stadien vom Land entfernt und wurde von den Wellen hin und her geworfen: denn sie hatten Gegenwind. In der vierten Nachtwache kam Jesus zu ihnen; er ging auf dem See. Als ihn die Jünger über den See kommen sahen, erschraken sie, weil sie meinten, es sei ein Gespenst, und sie schrien vor Angst. Doch Jesus begann mit ihnen zu reden und sagte: Habt Vertrauen, ich bin es; fürchtet euch nicht! Darauf erwiderte ihm Petrus: Herr, wenn du es bist, so befiehl, dass ich auf dem Wasser zu dir komme. Jesus sagte: Komm! Da stieg Petrus aus dem Boot und ging über das Wasser auf Jesus zu. Als er aber sah, wie heftig der Wind war, bekam er Angst und begann unterzugehen. Er schrie: Herr, rette mich! Jesus streckte sofort die Hand aus, ergriff ihn und sagte zu ihm: Du Kleingläubiger, warum hast du gezweifelt? Und als sie ins Boot gestiegen waren, legte sich der Wind. Die Jünger im Boot aber fielen vor Jesus nieder und sagten: Wahrhaftig, du bist Gottes Sohn. (Mt 14,22–33)

Jesus betet in der Nacht auf dem Berg. In der Bibel ist der Berg der Ort der Nähe Gottes und der Gottesbegegnung. Jesus spricht mit dem Vater.

Währenddessen geraten die Jünger auf dem See in einen heftigen Sturm. In der vierten Nachtwache, das ist zwischen drei und sechs Uhr, kommt Jesus auf dem Wasser zu ihnen. Dadurch offenbart er sich ihnen als Gottes Sohn. Denn in der Bibel ist das Schreiten über das Wasser ein Ausweis des Gottseins. »Durchs Meer ging dein Weg, durch gewaltige Wasser dein Pfad« heißt es im Psalm (77,20). Und Ijob sagt von Gott: »Er schreitet daher auf den Höhen des Meeres«

(Ijob 9,8). Indem sich Jesus den verängstigten Jüngern mit der Offenbarungsformel »Ich bin es« zu erkennen gibt, bestätigt er sein Gottsein. An zahlreichen Stellen der Bibel begegnet uns diese Ich-bin-Formel, mit der sich Gott offenbart, z. B. am brennenden Dornbusch, als Gott – von Mose nach seinem Namen gefragt – antwortet: »Ich bin der Ich bin da« (Ex 3,14).

Petrus möchte sich vergewissern, dass es wirklich Jesus ist, und sagt zu ihm: »Herr, wenn du es bist, so befiehl, dass ich auf dem Wasser zu dir komme.« Jesus sagt: »Komm!« (v. 28f.) Da steigt Petrus aus dem Boot – und geht nicht unter. Über das Wasser geht er auf Jesus zu. Nicht das Wasser trägt ihn, sondern Jesus, an den er glaubt. Der Glaube ist das Band, das ihn an Jesu festmacht. Und als er spürt, wie stark der Wind ist, wird sein Glaube schwach, und er beginnt zu sinken. Jesus zieht ihn aus dem Wasser und sagt: »Du Kleingläubiger, warum hast du gezweifelt?«

Als Jesus mit Petrus ins Boot gestiegen ist, legt sich der Wind und die Jünger bekennen ihren Glauben an seine Gottheit, indem sie sich huldigend vor ihm niederwerfen und sagen: »Wahrhaftig, du bist Gottes Sohn!«

Jesus ist der tragende Grund unseres Lebens, nicht nur für Petrus und seine Nachfolger im obersten Hirtenamt der Kirche, sondern auch für einen jeden von uns. Wer glaubt, darf diese Erfahrung machen. Jesus trägt uns, auch durch den Tod hindurch in die Ewigkeit. Wir brauchen nicht zu zweifeln, sondern dürfen glauben.

Wenn von Petrus die Rede ist, geht es auch um die Kirche, die über das Meer der Zeit dem Ufer der Ewigkeit zusteuert und dabei mit Stürmen und hochgehenden Wogen zu kämpfen hat. Sie geht nicht unter, weil Jesus, der Sohn Gottes, bei ihr ist und sie durch alle Gefährdungen hindurch sicher ans Ziel trägt.

Cäsarea Philippi

Als Jesus in das Gebiet von Cäsarea Philippi kam, fragte er seine Jünger: Für wen halten die Leute den Menschensohn? Sie sagten: Die einen für Johannes den Täufer, andere für Elija, wieder andere für Jeremia oder sonst einen der Propheten. Da sagte er zu ihnen: Ihr aber, für wen haltet ihr mich? Simon Petrus antwortete: Du bist der Messias, der Sohn des lebendigen Gottes! Jesus sagte zu ihm: Selig bist du, Simon Barjona; denn nicht Fleisch und Blut haben dir das offenbart, sondern mein Vater im Himmel. Ich aber sage dir: Du bist Petrus, und auf diesen Felsen werde ich meine Kirche bauen, und die Mächte der Unterwelt werden sie nicht überwältigen. Ich werde dir die Schlüssel des Himmelreichs geben; was du auf Erden binden wirst, das wird auch im Himmel gebunden sein, und was du auf Erden lösen wirst, das wird auch im Himmel gelöst sein. Dann befahl er den Jüngern, niemand zu sagen, dass er der Messias sei. Von da an begann Jesus, seinen Jüngern zu erklären, er müsse nach Jerusalem gehen und von den Ältesten, den Hohenpriestern und den Schriftgelehrten vieles erleiden; er werde getötet werden, aber am dritten Tag werde er auferstehen. Da nahm ihn Petrus beiseite und machte ihm Vorwürfe; er sagte: Das soll Gott verhüten, Herr! Das darf nicht mit dir geschehen! Jesus aber wandte sich um und sagte zu Petrus: Weg mit dir, Satan, geh mir aus den Augen! Du willst mich zu Fall bringen; denn du hast nicht das im Sinn, was Gott will, sondern was die Menschen wollen. Darauf sagte Jesus zu seinen Jüngern: Wer mein Jünger sein will, der verleugne sich selbst, nehme sein Kreuz auf sich und folge mir nach. Denn wer sein Leben retten will, wird es verlieren; wer aber sein Leben um meinetwillen verliert, wird es gewinnen. (Mt 16,13–25)

In Cäsarea Philippi, an den Quellen des Jordan gelegen, will Jesus die Jünger tiefer in das Geheimnis seiner Person einführen. Zuerst fragt er sie, für wen die Leute ihn halten. Ihre Antwort lautet: Sie stellen ihn in die Reihe der Propheten. Dann fragt er: Für wen haltet *ihr* mich? Petrus, der Erste unter ihnen, ergreift das Wort und antwortet: »Du bist der Messias (Christus), der Sohn des lebendigen Gottes.« Jesus ist nicht unter die Propheten und sonstigen von Gott Gesandten einzureihen. Er ist einmalig, über alle erhaben: der von Gott verheißene Retter, der Messias, ja sogar der Sohn des lebendigen Gottes.

Diese Erkenntnis Jesu verdankt Petrus nicht seinen eigenen Fähigkeiten (Fleisch und Blut), sondern dem Vater im Himmel; er hat ihm die Augen geöffnet. Jesus zu erkennen ist eine Gabe Gottes, es ist die Gnade des Glaubens.

Jesus preist Petrus selig, weil er sich vom Vater hat die Augen öffnen lassen und ihn als Messias und Sohn Gottes bekannt hat. Damit verbindet Jesus eine Verheißung, die für die Kirche bis ans Ende der Welt von grundlegender Bedeutung ist. Er bezeichnet Petrus als den Felsen, auf den er seine Kirche bauen werde. Durch den Glauben ist Petrus zum Felsen geworden. Auf diesem Glauben, den Petrus verbürgt, baut Jesus seine Kirche auf und gibt ihr damit eine Festigkeit, die die Tore des Totenreiches nie überwältigen können. In der damaligen Zeit waren die Tore einer Stadt das Zeichen ihrer Stärke. Weder die Macht des Todes noch die Macht Satans kann die Kirche zerstören.

Um seine Aufgabe als Fels der Kirche wahrnehmen zu können, verheißt Jesus dem Petrus die Schlüssel des Himmelreiches sowie die Vollmacht zu binden und zu lösen. Mit dieser Vollmacht kann er disziplinarische Maßnahmen durchführen, aus der Gemeinschaft der Kirche ausschließen und in sie aufnehmen und sogar Sünden erlassen. Diese Vollmacht ist nicht dazu gegeben, den Weg zum Himmel zu versperren, sondern ihn offen zu halten. Diese Verheißung Jesu gilt nicht nur Petrus, sondern auch allen, die nach ihm das Petrusamt in der Kirche wahrnehmen und die Lehre Jesu unverfälscht zur Geltung bringen müssen.

Fels der Kirche kann Petrus nur sein, weil er von Jesus getragen wird. Im Alten Testament ist der Fels ein Bild für Gott. David betet: »Herr, du mein Fels, meine Burg, mein Retter, mein Gott, mein Fels, bei dem ich mich berge« (2 Sam 22,2f.). Als Sohn Gottes ist nun Jesus der göttliche Fels, der Petrus trägt und ihn dadurch zum Felsen macht. Papst Leo der Große stellt dies dar, indem er Jesus zu Petrus sprechen lässt: »Ich bin der unzerstörbare Fels … das Fundament, außer dem kein anderes gelegt werden kann. Dennoch bist auch du Fels, weil du durch meine Kraft gestärkt wirst und mit mir durch Teilnahme gemeinsam haben darfst, was für mich eigene Vollmacht ist.«

Von da an beginnt Jesus seine Jünger darüber zu belehren, was mit ihm, dem Messias, geschehen wird. Er werde vieles erleiden, man werde ihn sogar töten, doch am dritten Tag werde er auferstehen. Einen leidenden Messias kann sich Petrus nicht vorstellen. Darum sagt er zu Jesus: »Das darf mit dir nicht geschehen!« Jesus weist ihn zurück mit einer Schärfe ohnegleichen: »Weg von mir, Satan, du willst mich zu Fall bringen.«

Petrus, der das Glaubensbekenntnis abgelegt hat, wird hier zum Werkzeug des Versuchers, weil er mit dem richtigen Bekenntnis Falsches verbindet. Er muss noch viel lernen, um Jesus zu verstehen. Noch am Ölberg zieht er das Schwert und schlägt verzweifelt zu, um Jesus vor dem Leiden zu bewahren.

Auch wir sind immer noch dabei zu lernen, wer Jesus ist. Dieses Lernen zieht sich durch unser ganzes Leben. Zu diesem Lernen gehört die Nachfolge des kreuztragenden Jesus. Indem wir unser Kreuz tragen und ihm nachfolgen, lernen wir ihn erst richtig kennen.

Kana

Am dritten Tag fand in Kana in Galiläa eine Hochzeit statt, und die Mutter Jesu war dabei. Auch Jesus und seine Jünger waren zur Hochzeit eingeladen. Als der Wein ausging, sagte die Mutter Jesu zu ihm: Sie haben keinen Wein mehr. Jesus erwiderte ihr: Was willst du von mir, Frau? Meine Stunde ist noch nicht gekommen. Seine Mutter sagte zu den Dienern: Was er euch sagt, das tut! Es standen dort sechs steinerne Wasserkrüge, wie es der Reinigungsvorschrift der Juden entsprach, jeder fasste ungefähr hundert Liter. Jesus sagte zu den Dienern: Füllt die Krüge mit Wasser! Und sie füllten sie bis zum Rand. Er sagte zu ihnen: Schöpft jetzt, und bringt es dem, der für das Festmahl verantwortlich ist. Sie brachten es ihm. Er kostete das Wasser, das zu Wein geworden war. Er wusste nicht, woher der Wein kam; die Diener aber, die das Wasser geschöpft hatten, wussten es. Da ließ er den Bräutigam rufen und sagte zu ihm: Jeder setzt zuerst den guten Wein vor und erst, wenn die Gäste zu viel getrunken haben, den weniger guten. Du jedoch hast den guten Wein bis jetzt zurückgehalten. So tat Jesus sein erstes Zeichen, in Kana in Galiläa, und offenbarte seine Herrlichkeit, und seine Jünger glaubten an ihn. (Joh 2,1–11)

Jesus verwandelt bei einer Hochzeit Wasser in Wein. Damit hilft Jesus den Hochzeitsleuten aus einer großen Verlegenheit. Doch seine Absicht reicht tiefer. Das Wunder, das er wirkt, ist nur ein Zeichen, mit dem er auf ein höheres

Geschehen verweist. Dies wird in der bildhaften Sprache der Bibel ausgedrückt.

Der Prophet Jesaja beschreibt das endzeitliche Heil im Bild eines großen Festmahls: »Der Herr der Heere wird auf diesem Berg für alle Völker ein Festmahl geben mit feinsten Speisen, ein Gelage mit erlesenen Weinen, mit den besten und feinsten Speisen, mit besten, erlesenen Weinen« (Jes 25,6). Mit dem guten Wein zu Kana verweist Jesus auf den erlesenen Wein des himmlischen Festmahls und gibt damit zu verstehen: Mit meinem Kommen hebt dieses Festmahl an.

Und mit der Hochzeit zu Kana verweist er auf die Hochzeit, die Gott mit seinem Volk eingeht. Auch das finden wir im Alten Testament, z. B. bei Jesaja: »Dein Schöpfer ist dein Gemahl, Herr der Heere ist sein Name« (Jes 54,5) oder: »Wie der junge Mann sich mit der Jungfrau vermählt, so vermählt sich mit dir dein Erbauer. Wie der Bräutigam sich freut über die Braut, so freut sich dein Gott über dich« (Jes 62,5).

Wer diese Bildersprache des Alten Testaments kennt, sieht sofort, was Jesus mit dem neuen Wein bei der Hochzeit uns sagt: Er selbst ist der himmlische Bräutigam, der den guten Wein bringt und den Alten Bund in den Neuen Bund verwandelt; er führt die Menschheit zum himmlischen Hochzeitsmahl, in das nie endende Fest der Freude mit Gott. So offenbart er seine Herrlichkeit und zeigt, wer er ist und wozu er gekommen ist.

Was Jesus im Zeichen von Kana verkündet, das vollbringt er an uns. Er versammelt uns in seiner Kirche und verwandelt unser irdisches Leben in sein göttliches Leben, das wir mit ihm leben dürfen. So führt er uns zum himmlischen Hochzeitsmahl. Dort sind wir nicht nur Gäste, sondern wir bilden miteinander in der Gemeinschaft der Kirche die Braut. Darum gilt uns die Seligpreisung: »Selig, wer zum Hochzeitsmahl des Lammes geladen ist« (Offb 19,9).

Werfen wir noch einen Blick auf Maria. Sie war eingeladen als »die Mutter Jesu«. Und dann spricht Jesus sie an: »Frau, meine Stunde ist noch nicht gekommen.« Diese Anrede klingt abweisend, ist aber in Wirklichkeit ein Hinweis auf Größeres. Eine neue Aufgabe und Würde Mariens wird hier angedeutet. Die Stunde Jesu ist die Stunde des Kreuzes. Da steht Maria beim Kreuz, und Jesus spricht sie wieder an mit dem Wort Frau: »Frau, siehe, dein Sohn!« Damit empfiehlt er den Lieblingsjünger ihrer mütterlichen Sorge an, wie auch der Jünger in ihr seine Mutter sehen soll. Dessen Name wird nicht genannt, denn er steht für jeden von uns.

So bestellt Jesus in der Stunde seines Todes seine Mutter zu unser aller Mutter. Die Mutter Jesu ist von da an auch die Mutter der Kirche. In der Fürbitte Mariens in Kana erkennt die Kirche die immer fürbittende Rolle Mariens als ihrer Mutter.

Tabor – Berg der Verklärung Jesu

Sechs Tage danach nahm Jesus Petrus, Jakobus und dessen Bruder Johannes beiseite und führte sie auf einen hohen Berg. Und er wurde vor ihren Augen verwandelt; sein Gesicht leuchtete wie die Sonne, und seine Kleider wurden blendend weiß wie das Licht. Da erschienen plötzlich vor ihren Augen Mose und Elija und redeten mit Jesus. Und Petrus sagte zu ihm: Herr, es ist gut, dass wir hier sind. Wenn du willst, werde ich hier drei Hütten bauen, eine für dich, eine für Mose und eine für Elija. Noch während er redete, warf eine leuchtende Wolke ihren Schatten auf sie, und aus der Wolke rief eine Stimme: Das ist mein geliebter Sohn, an dem ich Gefallen gefunden habe; auf ihn sollt ihr hören. Als die Jünger das hörten, bekamen sie große Angst und warfen sich mit dem Gesicht zu Boden. Da trat Jesus zu ihnen, fasste sie an und sagte: Steht auf, habt keine Angst! Und als sie aufblickten, sahen sie nur noch Jesus. Während sie den Berg hinabstiegen, gebot ihnen Jesus: Erzählt niemand von dem, was ihr gesehen habt, bis der Menschensohn von den Toten auferstanden ist. (Mt 17,1–9)

Die Berge spielen in der Bibel eine besondere Rolle. Sie sind bevorzugte Stätten der Begegnung mit Gott. So empfängt Mose auf dem Sinai von Gott das Gesetz, die Bundesordnung für Israel.

Auch Jesus geht oft einen Berg, um zu beten. So betet er die ganze Nacht hindurch, ehe er die zwölf Apostel beruft

Basilika der Verklärung auf dem Berg Tabor

(Lk 6,12). Ihre Berufung ist die Frucht der nächtlichen Zwiesprache Jesu mit dem Vater.

Jesus steigt auch zum Gebet auf den Tabor (Lk 9,28). Er nimmt Petrus, Jakobus und Johannes mit, jene drei Jünger, die ihm bei seinem Beten und Ringen im Ölgarten besonders nahe sein dürfen.

Dort wird Jesus verklärt. Sein Gesicht leuchtet wie die Sonne, seine Kleider sind blendend weiß wie das Licht. Sonne und Licht sind Zeichen des Göttlichen: »Gott ist Licht, und keine Finsternis ist in ihm« (1 Joh 1,5). Auf dem Berg ist Jesus eingetaucht in das Licht Gottes und von ihm durchflutet. Hier zeigt sich, was er im Tiefsten ist: Gottes Sohn. Für einen Augenblick wird vorausgenommen, wie sich das in der Auferstehung auswirken wird.

Und uns wird gezeigt, was uns bei unserer Auferstehung bevorsteht: »Die Gerechten werden leuchten wie die Sonne im Reich ihres Vaters«, verheißt uns Jesus (Mt 13,43).

Plötzlich erscheinen auch Mose und Elija und sprechen mit Jesus. Diese beiden verkörpern das Gesetz und die Propheten und stellen so das Alte Testament dar. Damit wird deutlich: Die Geschichte Israels als Bundesvolk Gottes ist auf Jesus ausgerichtet und findet in ihm seine Erfüllung. »Denkt nicht, ich sei gekommen, um das Gesetz und die Propheten aufzuheben. Ich bin nicht gekommen, um aufzuheben, sondern um zu erfüllen«, sagt Jesus in der Bergpredigt (Mt 5,17). Jesus Christus ist die Erfüllung des Alten Bundes, die Offenbarung Gottes in Person.

Mose und Elija sprechen mit Jesus über sein Ende, das sich in Jerusalem erfüllen sollte (Lk 9,31). Das in der Übersetzung mit Ende wiedergegebene Wort heißt im griechischen Urtext *exodos*. Mit diesem Wort wird sonst der Auszug Israels aus Ägypten und der Zug ins verheißene Land bezeichnet. Mit Jesu Tod und seiner Auferstehung beginnt

Der Tabor, Berg der Verklärung Jesu

ein neuer, und zwar der endgültige Auszug, der Auszug des neuen Bundesvolkes aus dieser vergänglichen Welt in das unvergängliche Licht des lebendigen Gottes. Jesus führt uns an auf dem Weg in die Vollendung. Er eröffnet diesen Weg, ja er ist selbst der Weg (Joh 14,6).

Aus einer leuchtenden Wolke ertönt die Stimme des Vaters: »Das ist mein geliebter Sohn ... auf ihn sollt ihr hören« (Mt 17,5). Die Wolke ist das Zeichen der verhüllten Gegenwart Gottes. Der Vater verweist die drei Jünger und in ihnen uns alle auf seinen verherrlichten Sohn: Hört auf ihn! Haltet euch an ihn!

Petrus möchte drei Hütten bauen. Darin zeigt sich sein Wunsch, das Endgültige, das sich in der Verklärung Jesu ankündigt, jetzt schon festzuhalten. Doch das ist unmöglich. Erst am Ende wird auch uns einmal zuteil, was den Jüngern auf dem Berg gezeigt wurde: ein Leben, das bis zum Rand voll ist von Gott, von seinem Licht, von seiner Liebe, seiner Seligkeit. So wird das einmal in der Ewigkeit sein.

Das beginnt allerdings schon jetzt zaghaft und verborgen. Doch manchmal bricht ein schwacher Strahl durch die Wolke, in deren Schatten wir leben (vgl. Mt 17,5), und lässt uns in Taborstunden ahnen, was sich einmal an uns vollenden wird.

DURCH DAS JORDANTAL

Der Jordan – Taufe Jesu

Zu dieser Zeit kam Jesus von Galiläa an den Jordan zu Johannes, um sich von ihm taufen zu lassen. Johannes aber wollte es nicht zulassen und sagte zu ihm: Ich müsste von dir getauft werden, und du kommst zu mir? Jesus antwortete ihm: Lass es nur zu! Denn nur so können wir die Gerechtigkeit (die Gott fordert) ganz erfüllen. Da gab Johannes nach. Kaum war Jesus getauft und aus dem Wasser gestiegen, da öffnete sich der Himmel, und er sah den Geist Gottes wie eine Taube auf sich herabkommen. Und eine Stimme aus dem Himmel sprach: Das ist mein geliebter Sohn, an dem ich Gefallen gefunden habe. (Mt 3,13–17)

In der Geschichte Israels markiert der Jordan eine wichtige Zäsur. Mit dem Überschreiten des Jordan endet der Zug, der Israel nach dem Auszug aus Ägypten 40 Jahre lang durch die Wüste geführt hat. Jetzt kommt Israel im Land der Verheißung an.

Dies geschah unter der Führung des Josua. Er ist Vorausbild Jesu, wie schon sein Name sagt. Jesus lässt sich im Jordan taufen und zeigt damit an: Jetzt beginnt mit ihm der Einzug in das eigentliche Land der Verheißung, das Reich Gottes. Unter seiner Führung treten wir in das Reich Gottes ein.

Jesus geht zu Johannes an den Jordan, um sich taufen zu lassen. Er stellt sich mit den Sündern in eine Reihe, identifiziert sich mit ihnen, gibt sich als Sünder aus, obwohl er rein ist von aller Schuld, unberührt von der Sünde. Damit zeigt er,

dass er die Sünde der Menschheit auf sich nimmt, unsere Sünde.

Johannes der Täufer weist auf Jesus hin: »Seht, das Lamm Gottes, das die Sünde der Welt hinwegnimmt« (Joh 1,29). Jesus nimmt die Sünde der ganzen Welt auf sich und trägt sie an das Kreuz, um sie dort zu vernichten. Jesus nimmt einen Rollentausch vor, der mit seiner Geburt beginnt und sein ganzes Leben durchzieht: Der Heilige übernimmt das Los des Sünders. Der Starke wird schwach, der Hohe klein und niedrig, der Herr wird Knecht, der göttlich Reiche arm, der nichts hat, wohin er sein Haupt legen kann; der das Leben ist, stirbt am Kreuz. Dieser Tausch zeichnet sich bei der Taufe ab.

Nachdem Jesus aus dem Wasser des Jordan gestiegen ist, öffnet sich über ihm der durch Adams Sünde verschlossene Himmel, und wie eine Taube sieht Johannes der Täufer den Heiligen Geist auf Jesus herabkommen.

Beim Propheten Jesaja lesen wir von einem Gottesknecht, der den Völkern das Heil bringt. Dieser Heilsbringer wird dadurch ausgezeichnet, dass Gott ihn mit seinem Geist ausstattet: »Ich habe meinen Geist auf ihn gelegt« (Jes 42,1). Die Geisttaube bei der Taufe zeigt an: Jesus ist der Gottesknecht, erwählt, den Menschen das Heil zu bringen. Er ist der mit dem Geist Gottes Gesalbte, der Messias (Christus).

Und dann ertönt eine Stimme vom Himmel, die Stimme des Vaters: »Das ist mein geliebter Sohn, an dem ich Gefallen gefunden habe« (Mt 3,17). Damit wird uns etwas Neues gesagt: Jesus, der verheißene Gottesknecht, ist nicht ein von Gott Gesandter wie die Propheten, er ist Gottes Sohn. Gott kommt also in Jesus selbst, uns zu erlösen. Jesus, der Sohn, wird hier vom Vater in sein öffentliches Wirken als Gottesknecht eingeführt, um das Werk der Erlösung zu vollbringen und die Welt zu Gott heimzuführen.

Bei der Taufe Jesu zeigt Gott auch, wer er ist: Vater, Sohn und Heiliger Geist. Er ist kein einsamer Gott, sondern Gemeinschaft, in der Vater, Sohn und Heiliger Geist so miteinander verbunden sind, dass sie miteinander der einzige Gott sind.

So offenbart sich Gott bei der Taufe Jesu und sagt uns, was er bei unserer Taufe an uns wirkt. Wir werden ja auf den Namen des Vaters und des Sohnes und des Heiligen Geistes getauft, d. h. wir werden in die Gemeinschaft des dreifaltigen Gottes hineingetaucht.

Diese Taufe unterscheidet sich von der Taufe des Johannes. Johannes tauft mit Wasser, Jesus tauft mit dem Heiligen Geist und mit Feuer (Mt 3,11). Die Taufe des Johannes führt zu Buße und Umkehr, die Taufe Jesu führt ins Leben Gottes hinein.

Das ist die Tat der Liebe Gottes. Der Prophet Hosea beschreibt Gottes Liebe zu dem noch jungen Volk Israel: »Mit menschlichen Fesseln zog ich sie an mich, mit den Ketten der Liebe. Ich war für sie wie die (Eltern), die den Säugling an ihre Wangen heben« (Hos 11,4).

Mit der Kraft seiner göttlichen Liebe umarmt uns der Vater und zieht uns hinein in die selige Gemeinschaft, in der er mit dem Sohn und dem Heiligen Geist lebt.

Gott hat einst Israel über den Jordan in das Land der Verheißung geführt. Die Taufe ist unser Jordan. Denn durch sie treten wir ein in die uns verheißene Gemeinschaft mit dem lebendigen Gott.

Gott will alle Menschen in seine Gemeinschaft hereinholen. Dazu hat er den Gottesknecht bestimmt, wie der Prophet Jesaja sagt: »Ich habe dich geschaffen und dazu bestimmt, der Bund für mein Volk und das Licht für die Völker zu sein« (Jes 42,6), nicht nur für das Volk Israel, sondern für alle Völker.

Das erfüllt nun Jesus, der Sohn Gottes. Er gibt den Jüngern Weisung, in alle Welt zu gehen, alle Menschen zu seinen Jüngern zu machen und sie auf den Namen des Vaters und des Sohnes und des Heiligen Geistes zu taufen (Mt 28,20).

Petrus hat damit begonnen. Auf Gottes Weisung ging er nach Cäsarea in das Haus des römischen Hauptmanns Cornelius, verkündete ihm das Evangelium und taufte ihn (Apg 10,23b–48). In Petrus hat die Kirche begonnen, Jesu Weisung zu erfüllen und die Menschen zu taufen und dadurch in die Gemeinschaft des dreieinigen Gottes zu führen.

So vollzieht sich auch in unserer Taufe ein Rollentausch, aber in umgekehrter Richtung:

– Wir Sünder werden geheiligt; Paulus nennt die Christen Heilige (z. B. Röm 1,7; Kol 1,2).

– Unsere Armut – vor Gott sind wir alle arm – wird verwandelt in göttlichen Reichtum (Röm 8,17; 2 Kor 8,9).

– Wir Knechte der Sünde werden freie Kinder Gottes (Gal 5,1).

– Wir Todverfallene werden lebendig gemacht mit göttlichem Leben (Röm 6,22f.), dem Leben in Fülle (Joh 10,10).

Die Wüste – Versuchung Jesu

Dann wurde Jesus vom Geist in die Wüste geführt; dort sollte er vom Teufel in Versuchung geführt werden. Als er vierzig Tage und vierzig Nächte gefastet hatte, bekam er Hunger. Da trat der Versucher an ihn heran und sagte: Wenn du Gottes Sohn bist, so befiehl, dass aus diesen Steinen Brot wird. Er aber antwortete: In der Schrift heißt es: Der Mensch lebt nicht nur von Brot, sondern von jedem Wort, das aus Gottes Mund kommt. Darauf nahm ihn der Teufel mit sich in die Heilige Stadt, stellte ihn oben auf den Tempel und sagte zu ihm: Wenn du Gottes Sohn bist, so stürz dich hinab; denn es heißt in der Schrift: Seinen Engeln befiehlt er, dich auf ihren Händen zu tragen, damit dein Fuß nicht an einen Stein stößt. Jesus antwortete ihm: In der Schrift heißt es auch: Du sollst den Herrn, deinen Gott, nicht auf die Probe stellen. Wieder nahm ihn der Teufel mit sich und führte ihn auf einen sehr hohen Berg; er zeigte ihm alle Reiche der Welt mit ihrer Pracht und sagte zu ihm: Das alles will ich dir geben, wenn du dich vor mir niederwirfst und mich anbetest. Da sagte Jesus zu ihm: Weg mit dir, Satan! Denn in der Schrift steht: Vor dem Herrn, deinem Gott, sollst du dich niederwerfen und ihm allein dienen. Darauf ließ der Teufel von ihm ab, und es kamen Engel und dienten ihm. (Mt 4,1–11)

Nach der Taufe »wurde Jesus vom Geist in die Wüste geführt; dort sollte er vom Teufel versucht werden« (Mt 4,1). Den Ort der Versuchung kennen wir nicht, es ist die Wüste. Der Berg westlich von Jericho heißt »Berg der Ver-

suchung«, um an Jesu Versuchung in der hier sich ausdehnenden Wüste zu erinnern.

Die Wüste ist in der Bibel der Ort der Begegnung mit Gott (Ex 3,1–6: Mose am brennenden Dornbusch; 1 Kön 19,9–13: Elija am Berg Horeb), der Ort der Vorbereitung auf eine Sendung (Lk 1,80: Johannes der Täufer), aber auch der Ort der Versuchung, in der sich der Mensch bewähren

muss (Ex 32: Israel, das am Sinai der Versuchung erliegt und sich im goldenen Kalb einen Götzen schafft und damit den Bund mit Gott bricht).

Jesus geht, vom Geist Gottes geführt, in die Wüste, um sich dem Versucher zu stellen. Im Hebräerbrief heißt es: »Wir haben ja nicht einen Hohenpriester, der nicht mitfühlen könnte mit unserer Schwäche, sondern einen, der in allem wie wir in Versuchung geführt worden ist, aber nicht gesündigt hat« (Hebr 4,15).

Jesus ist der neue Adam. Seine Versuchung ist das Gegenstück der Versuchung, die der erste Adam nicht bestanden hat. Mit dem Griff nach der verbotenen Frucht wollte Adam sein Leben selbst in die Hand nehmen, er wollte werden wie Gott. Er wollte sich Gott gleichstellen, sein wie er, und hat durch seinen Ungehorsam alles verloren.

Der Versucher will auch Jesus zum Ungehorsam überreden und damit vom Vater losreißen. Er versucht dies scheinheilig mit Worten aus der Bibel. Jesus könnte tun, wozu ihn der Teufel verführt. Die Macht dazu hat er. Er könnte aus Steinen Brot machen, er könnte sich von der Zinne des Tempels stürzen, ohne sich zu verletzen. Er tut es nicht und bleibt dem Vater gehorsam. Er lebt von jedem Wort, das aus Gottes Mund kommt. Das verwirklicht er durch seinen Gehorsam. Mit dem Wort Gottes weist er das Ansinnen des Versuchers zurück. Maßstab seines Handelns ist nicht sein eigener Wille, sondern der Wille des Vaters. In seiner Menschwerdung hat sich Jesus entäußert, wurde wie ein Sklave und ist uns Menschen gleich geworden, gehorsam bis zum Tod am Kreuz (Phil 5,8).

Dann tritt der Teufel zum dritten Mal an Jesus heran mit der wohl größten Versuchung, das ist die Versuchung zur Macht. Die ganze Welt verspricht er ihm, wenn er niederfällt und ihn anbetet. Jesus jagt den Versucher fort: »Weg mit dir, Satan! ... Vor dem Herrn, deinen Gott, sollst du dich niederwerfen und ihm allein dienen« (Mt 4,10). Die Hoheit Gottes ist unantastbar. Ihm allein gebührt Anbetung.

Durch Adams Sünde ging das Paradies verloren, und die Erde wurde ein Land voller Disteln und Dornen. Durch Jesu Sieg in der Versuchung wird das Paradies wieder zugänglich, und der Himmel, der sich bei der Taufe über ihm geöffnet hat, bleibt offen für uns. Adam wurde zum Sünder, Christus zum Sieger über die Sünde.

In der Versuchung zeigt Jesus seine Solidarität mit uns. Er ist versucht worden, wie wir versucht werden. Jesus hat die Abgründe der Versuchung durchschritten und damit gelernt, Mitleid mit uns zu haben und uns zu helfen, in der Versuchung zu bestehen: »Denn da er selbst in Versuchung geführt wurde und gelitten hat, kann er denen helfen, die in Versuchung geführt werden« (Hebr 2,18).

In der Versuchung zeigt Jesus uns, dass wir nur dann stabil sind und nicht umgeworfen werden, wenn wir uns auf den festen Boden stellen, der Gott ist, und uns an ihm festhalten. Die Bibel bezeichnet darum Gott als Felsen. »Herr, du mein Fels, meine Burg, mein Retter« (Ps 18,3). »Ihm allein dienen« – nur so bleiben wir auf dem Weg, der uns ins Leben Gottes führt.

Jericho

Jericho ist die erste Stadt, die Israel nach dem Überschreiten des Jordan einnimmt. Damit beginnt der Einzug in das Land der Verheißung. Im Buch Josua (Kap. 6) wird uns die Eroberung der Stadt geschildert. Die Israeliten brauchen nicht um die Stadt zu kämpfen. Gott lässt die Mauern einstürzen und zeigt so, dass er es ist, der ihnen die Stadt und das Land gibt. Mit starker Hand hat er Israel aus Ägypten geführt, mit dieser Hand führt er sein Volk auch in das neue Land und damit in die Zukunft.

In Jericho wirkten auch die Propheten Elija und Elischa. Von hier aus ging Elija über den Jordan und wurde dort in einem feurigen Wagen in den Himmel aufgenommen. Und Elischa, der ihm nachfolgte, machte ungenießbares Wasser gesund. Die Quelle mit dem guten Wasser sprudelt heute noch (2 Kön 2).

*

Dann kam er nach Jericho und ging durch die Stadt. Dort wohnte ein Mann namens Zachäus; er war der oberste Zollpächter und war sehr reich. Er wollte gern sehen, wer dieser Jesus sei, doch die Menschenmenge versperrte ihm die Sicht; denn er war klein. Darum lief er voraus und stieg auf einen Maulbeerfeigenbaum, um Jesus zu sehen, der dort vorbeikommen musste. Als Jesus an die Stelle kam, schaute er hinauf und sagte zu ihm: Zachäus, komm schnell herunter! Denn ich muss heute in deinem Haus zu Gast sein. Da stieg er schnell herunter und nahm Jesus freudig bei sich auf. Als die Leute das sahen, empörten sie sich und sagten: Er ist bei einem Sünder eingekehrt. Zachäus aber wandte sich an den Herrn und sagte: Herr, die Hälfte meines Vermögens will ich den Armen geben, und wenn ich von jemand zu viel gefordert habe, gebe ich ihm das Vierfache zurück. Da sagte Jesus zu ihm: Heute ist diesem Haus das Heil geschenkt worden, weil auch dieser Mann ein Sohn Abrahams ist. Denn der Menschensohn ist gekommen, um zu suchen und zu retten, was verloren ist. (Lk 19,1–10)

Jesus zieht hinauf nach Jerusalem, hinauf ans Kreuz und vom Kreuz durch die Auferstehung hinauf zur Rechten des Vaters. Auf diesem Weg geht er auch durch Jericho. In dieser Stadt ruft er den Zöllner Zachäus vom Baum, um bei ihm zu speisen und zu übernachten. Er verwandelt Zachäus in einen neuen Menschen. Aus dem Zollpächter, der mit Betrug und Druck Geld zusammenraffte, wird ein Mensch, der mit vollen Händen den Armen gibt. Jesus übernimmt die Initiative. Er ruft ihn vom Baum herab und lädt sich selbst bei ihm ein. Was Zachäus einbringt, ist nur seine Neugier auf Jesus und die darin angedeutete Bereitschaft, sich verwandeln zu lassen. Doch dann folgt Zachäus mit Freude dem Ruf Jesu.

So will Jesus auch unser Leben verwandeln. Wir müssen nur dazu bereit sein. Jesus sucht auch heute die Verlorenen, um sie zu retten und in das Himmelreich zu führen.

*

Sie kamen nach Jericho. Als er mit seinen Jüngern und einer großen Menschenmenge Jericho wieder verließ, saß an der Straße ein blinder Bettler, Bartimäus, der Sohn des Timäus. Sobald er hörte, dass es Jesus von Nazaret war, rief er laut: Sohn Davids, Jesus, hab Erbarmen mit mir! Viele wurden ärgerlich und befahlen ihm zu schweigen. Er aber schrie noch viel lauter: Sohn Davids, hab Erbarmen mit mir! Jesus blieb stehen und sagte: Ruft ihn her! Sie riefen den Blinden und sagten zu ihm: Hab nur Mut, steh auf, er ruft dich. Da warf er seinen Mantel weg, sprang auf und lief auf Jesus zu. Und Jesus fragte ihn: Was soll ich dir tun? Der Blinde antwortete: Rabbuni, ich möchte wieder sehen können. Da sagte Jesus zu ihm: Geh! Dein Glaube hat dir geholfen. Im gleichen Augenblick konnte er wieder sehen, und er folgte Jesus auf seinem Weg. (Mk 10,46–52)

Als Jesus Jericho verlässt, sitzt Bartimäus, ein blinder Bettler, an der Straße und ruft: Jesus, Sohn Davids, hab Erbarmen mit mir! Mit diesem Ruf bekennt er seinen Glauben an Jesus, den Davidssohn, der Israel aus seiner Not erretten wird. Dieser Glaube lässt ihn zu Jesus um Hilfe rufen.

Doch sein Glaube wird durch Umstehende auf die Probe gestellt. Ärgerlich befehlen sie ihm, zu schweigen. Er aber schweigt nicht, im Gegenteil, er ruft noch lauter; und nun ruft ihn Jesus zu sich und fragt: »Was soll ich dir tun?« Der Blinde antwortet: »Herr, ich möchte wieder sehen können.« Er traut Jesus zu, dass er ihm das Augenlicht geben kann; er glaubt an Jesus, den Sohn Davids. »Geh! Dein Glaube hat dir geholfen«, ist die Antwort Jesu. Und Bartimäus sieht wieder. Bartimäus sieht nicht nur mit den Augen, er sieht mit einem glaubenden Herzen und folgt Jesus nach. Der Weg, den er mit Jesus geht, ist der Weg hinauf nach Jerusalem, der Weg in die Passion.

Der Glaube ist nicht blind und macht nicht blind. Im Gegenteil, er macht sehend. Wer glaubt, sieht mehr.

*

Beide Male ist es die Menge, die den Kontakt mit Jesus erschwert oder verhindern will. Die Menschenmenge versperrt Zachäus die Sicht, und Bartimäus befiehlt man, zu schweigen. Doch beide lassen sich nicht zurückhalten. Zachäus steigt auf den Baum, um Jesus zu sehen. Und Jesus schaut hinauf, sieht ihn und holt ihn herab zu sich. Bartimäus ruft, ja schreit nach Jesus, und Jesus ruft ihn zu sich und schenkt ihm das Augenlicht.

Im Glauben öffnet Jesus auch uns die Augen, dass wir ihn erkennen und ihm folgen. Auch wir treffen auf Hindernisse, vielleicht auch auf Menschen, die uns den Weg zu Jesus erschweren oder versperren wollen. Doch nichts und niemand soll uns zurückhalten, vertrauensvoll wie Zachäus und Bartimäus auf Jesus zuzugehen.

JERUSALEM

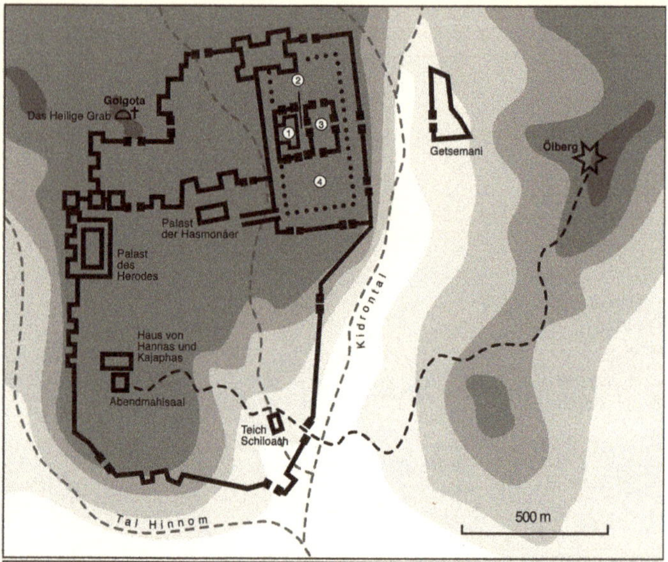

Jerusalem zur Zeit Jesu

① Tempel
② Altar
③ Vorhof der Frauen
④ Vorhof der Heiden

Die Stadt Jerusalem

Das irdische Jerusalem

Um das Jahr 1000 erobert David Jerusalem und macht die Stadt zum Zentrum seines Königreiches, das alle zwölf Stämme Israels umfasst. Mit der Erwählung Davids zum König des Bundesvolkes ist auch die Erwählung Jerusalems zur Stadt Gottes verbunden. In 1 Kön 11,36 sagt Gott: » ... damit meinem Knecht David für immer eine Leuchte bleibe in Jerusalem, der Stadt, die ich erwählt habe, um auf sie meinen Namen zu legen«. Indem Gott seinen Namen auf die Stadt legt, nimmt er sie zu eigen, macht er sie zu seiner Stadt.

Mit dem Bau des Tempels nimmt Gott dort Wohnung. Jerusalem wird durch Gottes Gegenwart die »Heilige Stadt«, die Stadt unseres Gottes JHWH. Dorthin pilgern alle Stämme Israels. Mit dem Tempel ist sie die Einheit stiftende Mitte des Volkes. Diese Bindung an Jerusalem und den Tempel gehört zur Identität des Bundesvolkes. Man kann sagen, Jerusalem mit seinem Tempel steht für ganz Israel.

Auf dieser Stadt ruhen auch die Hoffnungen Israels. Jerusalem ist die Stadt des kommenden Messias. Sie ist der Mittelpunkt des messianischen Reiches, die Stadt, wo Israel, ja allen Völkern, der ewige Friede, die Erfüllung des Lebens, das endzeitliche Heil geschenkt wird. Darum pilgern die Juden nach Jerusalem. In ihrer Wallfahrt ist die Wallfahrt der Völker zum heiligen Berg Gottes vorgebildet, wo den Menschen in der Gemeinschaft mit Gott das Heil zuteilwird.

Von der Wallfahrt der Völker ins himmlische Jerusalem kündet Jesaja:

Am Ende der Tage wird es geschehen: Der Berg mit dem Haus des Herrn steht fest gegründet als höchster der Berge; er überragt alle Hügel. Zu ihm strömen alle Völker. Viele Nationen machen sich auf den Weg; sie sagen: Kommt, wir ziehen hinauf zum Berg des Herrn und zum Haus des Gottes Jakobs. Er zeige uns seine Wege, auf seinen Pfaden wollen wir gehen. Denn von Zion kommt die Weisung des Herrn, aus Jerusalem sein Wort. Er spricht Recht im Streit der Völker, er weist viele Nationen zurecht. Dann schmieden sie Pflugscharen aus ihren Schwertern und Winzermesser aus ihren Lanzen. Man zieht nicht mehr das Schwert, Volk gegen Volk, und übt nicht mehr für den Krieg. Ihr vom Haus Jakob, kommt, wir wollen unsere Wege gehen im Licht des Herrn. (Jes 2,2–5)

Das himmlische Jerusalem

Die Heilige Schrift zeigt uns auch ein Bild des himmlischen Jerusalem. In großen Visionen schildern uns die Propheten mit eindrucksvollen Bildern im Bild Jerusalems den Himmel. In bildhafter Sprache zeigen sie uns das endgültige Heil. Beim Propheten Jesaja spricht Gott:

Schon erschaffe ich einen neuen Himmel und eine neue Erde. … Ihr sollt euch ohne Ende freuen und jubeln über das, was ich erschaffe. Denn ich mache aus Jerusalem Jubel und aus seinen Einwohnern Freude. Ich will über Jerusalem jubeln und mich freuen über mein Volk. (Jes 65,17–19)

Im Neuen Testament nimmt die Johannesoffenbarung in den letzten Kapiteln dieses Bild vom himmlischen Jerusalem auf:

Ich sah die heilige Stadt, das neue Jerusalem, von Gott her aus dem Himmel herabkommen; sie war bereit wie eine Braut, die sich für ihren Mann geschmückt hat. Da hörte ich eine laute Stimme vom Thron her rufen: Seht, die Wohnung Gottes unter den Menschen! Er wird in ihrer Mitte wohnen, und sie werden sein Volk sein; und er, Gott, wird bei ihnen sein. Er wird alle Tränen von ihren Augen abwischen: Der Tod wird nicht mehr sein, keine Trauer, keine Klage, keine Mühsal. Denn was früher war, ist vergangen. Er, der auf dem Thron saß, sprach: Seht, ich mache alles neu. (Offb 21,2–5)

Die heilige Stadt Jerusalem ist erfüllt von der Herrlichkeit Gottes. (Offb 21,11)

Einen Tempel sah ich nicht in der Stadt. Denn der Herr, ihr Gott, der Herrscher über die ganze Schöpfung, ist ihr Tempel, er und das Lamm. Die Stadt braucht weder Sonne noch Mond, die ihr leuchten. Denn die Herrlichkeit Gottes erleuchtet sie, und ihre Leuchte ist das Lamm. (Offb 21,22f.)

Die Verheißungen, die Gott Jerusalem gegeben hat, haben sich am irdischen Jerusalem nicht erfüllt; sie werden sich erfüllen im himmlischen Jerusalem. Das ist unsere Hoffnung. Auf den ersten Seiten der Bibel wird uns geschildert, wie Gott am Anfang die Welt erschafft (Gen 1–2). Auf den letzten Seiten wird uns die Vollendung der Welt dargestellt (Offb 21–22). Im Bild des himmlischen Jerusalem wird uns der neue Himmel und die neue Erde vorgestellt. Auf dieses

Ziel hin läuft von Anfang an die Geschichte der Welt, aller Völker und eines jeden Menschen. Im irdischen Jerusalem hat uns Jesus durch seinen Tod und seine Auferstehung erlöst und uns die Tür des Himmels geöffnet. Von dort wird das Evangelium bis an die Grenzen der Erde getragen, um alle Menschen in das himmlische Jerusalem zu führen.

Mit der Auferstehung des Herrn hat am Ostermorgen im irdischen Jerusalem das himmlische Jerusalem bereits angefangen. Er ist der »Erstgeborene der Toten« (Kol 1,18), mit dem das himmlische Jerusalem bereits begonnen hat.

Die Verwandlung des irdischen in das himmlische Jerusalem verdanken wir Jesus Christus

Er kam als der von Gott gesandte Messias in diese Stadt. Hier starb er, hier wurde er von den Toten erweckt. In der Auferstehung wurde sein irdischer Leib in seinen himmlischen Leib verwandelt. Dadurch hat im irdischen Jerusalem das himmlische Jerusalem seinen Anfang genommen. Das Lamm, das im irdischen Jerusalem auf Golgota geschlachtet wurde und gesiegt hat und nun auf ewig lebt, ist die Leuchte des himmlischen Jerusalem (Offb 5,6; 21,22–27).

Das himmlische Jerusalem ist jetzt schon unser eigentliches Zuhause

Der heilige Paulus schreibt: »Eure Heimatstadt ist im Himmel« (Phil 3,20). Das griechische Wort *politeuma* im Urtext bedeutet das Gemeinwesen, in dem wir zuhause sind und Heimatrecht haben. Im Galaterbrief sagt er sogar: »Das himmlische Jerusalem ist unsere Mutter« (Gal 4,26).

Dem entspricht genau, wie Petrus unsere Situation in dieser Welt beschreibt: »Ihr seid Fremde und Gäste in dieser Welt« (1 Petr 2,11). Und der Hebräerbrief stellt uns all jene vor Augen, die uns »als Fremde und Gäste auf Erden« vorausgegangen sind und im Glauben die himmlische Heimat gesucht haben (Hebr 11,13f.).

Das irdische Jerusalem mit seinen großen Verheißungen richtet unseren Blick auf das himmlische Jerusalem, wo Gott all seine Verheißungen erfüllen wird. Das leere Grab Jesu und das leere Grab Mariens zeigen uns, wohin die Reise unseres Lebens geht – in ein Leben, das all unsere Vorstellungen übertrifft, »was kein Auge gesehen und kein Ohr gehört hat, was keinem Menschen in den Sinn gekommen ist: das Große, das Gott denen bereitet hat, die ihn lieben« (1 Kor 2,9).

»Herr, gnädiger Herr, ich habe Sehnsucht nach Jerusalem.
Nach der hochgebauten Stadt im Himmel.
Aber auch nach der Felsenstadt drüben in Israel.
Am Jakobsbrunnen würde ich versuchen zu träumen
von der Leiter, die bis in den Himmel reicht.
Am See Gennesaret sitzen, die Bergpredigt
ganz langsam vor mich hinsagen.
Das Wunder erleben mit den fünftausend Mann.
Dann nach Jerusalem hochgehen.
Mitjubeln, wenn der König der Ehren einzieht.
Herr, vor dem Palast des Pilatus stehen und schreien:
Nein, nein, nicht den, nicht den, der unschuldig ist.
Den Barabbas, den Barabbas; oder besser keinen.
Und Ostern. – Er ist auferstanden, und jubeln und jubeln,
tanzen und klatschen: Er ist auferstanden,
Er ist auferstanden.

Herr, ich möchte das irdische Jerusalem sehen,
über das Land gehen,
über das Jesus ging; alle seine Orte sehen,
die Stätten mit Wundern
und Predigten. Jesus von Nazaret, Christus der Ewigkeit.
Herr, ich möchte das irdische Jerusalem sehen
und das himmlische.
Amen.«
Gebet aus Afrika

Der Tempel

Der Tempel ist die Mitte Jerusalems. Der Tempel ist das Herz des Volkes Gottes. Nach Vorbereitungen durch David erbaute Salomo den ersten Tempel. Im Jahre 585 vor Christus zerstörten ihn die Babylonier. Nach der Rückkehr aus dem babylonischen Exil erbauten die Juden den zweiten Tempel und weihten ihn im Jahr 515 ein (Esra 3–6). In diesen zweiten Tempel kam Jesus. Im Jahre 70 wurde auch dieser Tempel zerstört und danach nicht mehr aufgebaut. Von ihm ist nichts mehr zu sehen, nur Teile der Mauer, die Herodes um den Tempelbezirk errichten ließ. Dazu gehört die Westmauer (Klagemauer), die heute für die Juden die heiligste Stätte ist.

Die Würde des Tempels lag darin, dass er die Wohnung Gottes war. Im Tempel war Gott inmitten seines Volkes. Wenn ein Jude den Tempel betrat, wusste er: Ich stehe hier vor dem Angesicht Gottes. Opfer durften nur im Tempel dargebracht werden. Diese Hochschätzung zeigt sich uns im Gebet der Psalmen: »Wie liebenswert ist deine Wohnung, Herr der Heerscharen! Meine Seele verzehrt sich in Sehnsucht nach dem Tempel des Herrn. Mein Herz und mein Leib jauchzen ihm zu, ihm, dem lebendigen Gott« (Ps 84,2f.).

Auch für Jesus war der Tempel der Ort, an dem Gott inmitten seines Volkes wohnt. Auf die Frage, warum er in Jerusalem zurückgeblieben sei, antwortete der Zwölfjährige: »Wusstet ihr nicht, dass ich in dem sein muss, was meines

Vaters ist?« (Lk 2,49). Der Tempel in Jerusalem war für ihn das Haus des Vaters. Darum pilgerte er wie alle Juden zu den hohen Festen in den Tempel, betete dort und lehrte das Volk.

*

Das Paschafest der Juden war nahe, und Jesus zog nach Jerusalem hinauf. Im Tempel fand er die Verkäufer von Rindern, Schafen und Tauben und die Geldwechsler, die dort saßen. Er machte eine Geißel aus Stricken und trieb sie alle aus dem Tempel hinaus, dazu die Schafe und Rinder; das Geld der Wechsler schüttete er aus, und ihre Tische stieß er um. Zu den Taubenhändlern sagte er: Schafft das hier weg, macht das Haus meines Vaters nicht zu einer Markthalle! Seine Jünger erinnerten sich an das Wort der Schrift: Der Eifer für dein Haus verzehrt mich. Da stellten ihn die Juden zur Rede: Welches Zeichen lässt du uns sehen als Beweis, dass du dies tun darfst? Jesus antwortete ihnen: Reißt diesen Tempel nieder, in drei Tagen werde ich ihn wieder aufrichten. Da sagten die Juden: Sechsundvierzig Jahre wurde an diesem Tempel gebaut, und du willst ihn in drei Tagen wieder aufrichten? Er aber meinte den Tempel seines Leibes. Als er von den Toten auferstanden war, erinnerten sich seine Jünger, dass er dies gesagt hatte, und sie glaubten der Schrift und dem Wort, das Jesus gesprochen hatte. (Joh 2,13–22)

Was sich im Bereich des Tempels abspielte, entsprach nicht der Würde dieses Ortes. So machte Jesus einmal aus Stricken eine Geißel und trieb die Verkäufer von Opfertieren samt ihren Tieren aus dem Tempel hinaus, ebenso die Geldwechsler: »Macht das Haus meines Vaters nicht zu einer Markthalle!« (Joh 2,16). Die Juden stellten ihn zur Rede, mit welchem Recht er das tue. Darauf antwortete er: »Reißt diesen Tempel nieder, in drei Tagen werde ich ihn wieder aufrichten« (Joh 2,19). Dieses Wort Jesu sollte beim Prozess vor Kajaphas eine entscheidende Rolle spielen (Mt 26,61). Das verstanden die Juden nicht. Auch den Jüngern ging erst nach seiner Auferstehung auf, was er damit mein-

Die Klagemauer

te. Denn er sprach vom Tempel seines Leibes, der am Kreuz niedergerissen und am dritten Tag in der Auferstehung wieder aufgerichtet wurde.

Der Prophet Ezechiel sieht, wie Gott in den neu errichteten Tempel einzieht: »Die Herrlichkeit des Herrn erfüllte den Tempel« (Ez 43,5). In nicht mehr zu überbietender Weise wohnt nun Gottes Herrlichkeit im auferstandenen Herrn, dem Tempel des Neues Bundes. Von da an ist der auferstandene Christus der neue Tempel, das Heiligtum, in dem der lebendige Gott anwesend ist. Jetzt ist Jesus der heilige Ort, wo wir vor dem Angesicht Gottes stehen.

Das stellt Jesus der Samariterin am Jakobsbrunnen in Aussicht. Sie fragt nämlich Jesus, wo Gott angebetet werde, in Jerusalem, dem Heiligtum der Juden, oder auf dem Berg Garizim, dem Heiligtum der Samariter. Jesus antwortet: »Es kommt die Stunde, zu dem ihr weder auf diesem Berg noch in Jerusalem anbeten werdet. Die wahren Beter werden den Vater anbeten im Geist und in der Wahrheit« (Joh 4,23). Beten im Geist und in der Wahrheit aber ist Beten in der Gemeinschaft mit Jesus. Er ist der Tempel, das Heiligtum des Neuen Bundes.

*

Dieser Tempel weitet sich, da die Gläubigen dem Auferstandenen einverleibt werden. So entsteht die Kirche, in der die Gläubigen Glieder am Leib Christi sind. Dadurch wird die Kirche zum Tempel des Neuen Bundes, weil Christus in ihr lebt. Darum schreibt der heilige Paulus an die Christen in Korinth: »Wisst ihr nicht, dass ihr Gottes Tempel seid? Der Tempel Gottes ist heilig, und der seid ihr« (1 Kor 3,16f.).

Die Verheißungen, die Gott im Alten Bund mit dem Tempel in Jerusalem verbunden hat, sind durch Jesus Christus im

Neuen Bund erfüllt worden. Ein Beispiel soll das veranschaulichen. Der Prophet Ezechiel (47,1–12) sieht in einer Vision, wie im Tempel beim Altar eine Quelle aufbricht. Das Wasser schwillt an zu einem großen Fluss und fließt durch die Wüste ins Tote Meer. Wohin das Wasser kommt, blüht das Leben auf. Die Bäume an seinem Ufer bleiben stets grün und tragen jeden Monat neue Früchte. Das Wasser des Stromes verwandelt sogar das Tote Meer, in dem kein Leben möglich ist. Nun wird das Wasser des Toten Meeres gesund und wimmelt von Fischen aller Art.

Was der Prophet in dieser Tempelvision sieht, erfüllt sich in Jesus Christus. Sein am Kreuz durchstochenes Herz ist die Quelle, aus der die Wasser des Lebens strömen und der Welt das Heil bringen. An einem großen Festtag ruft Jesus im Tempel den Menschen zu, zu ihm zu kommen und aus dieser Quelle zu trinken: »Wer Durst hat, komme zu mir, und es trinke, wer an mich glaubt.« Der Evangelist erklärt: »Aus seinem Inneren werden Ströme von lebendigem Wasser fließen. Damit meinte er den Geist, den alle empfangen sollten, die an ihn glauben« (Joh 7,37–39).

Der Geist strömt aus dem Herzen Jesu in die Menschheit. Er bringt das Leben Jesu Christi zu den Menschen, heilt sie von allem Bösen und erneuert das Angesicht der Erde.

Was uns Gott im Alten Testament vom Tempel sagt, hilft uns, Christus und sein Erlösungswerk tiefer zu erfassen. Und dies gilt grundsätzlich. Die ganze Geschichte Gottes mit Israel, die uns das Alte Testament erzählt, führt uns zu einem tieferen Verständnis für viele Stellen des Neuen Testaments – wie auch umgekehrt.

Der Teich Betesda und die Kirche St. Anna

Einige Zeit später war ein Fest der Juden, und Jesus ging hinauf nach Jerusalem. In Jerusalem gibt es beim Schaftor einen Teich, zu dem fünf Säulenhallen gehören; dieser Teich heißt auf Hebräisch Betesda. In diesen Hallen lagen viele Kranke, darunter Blinde, Lahme und Verkrüppelte. Dort lag auch ein Mann, der schon achtunddreißig Jahre krank war. Als Jesus ihn dort liegen sah und erkannte, dass er schon lange krank war, fragte er ihn: Willst du gesund werden? Der Kranke antwortete ihm: Herr, ich habe keinen Menschen, der mich, sobald das Wasser aufwallt, in den Teich trägt. Während ich mich hinschleppe, steigt schon ein anderer vor mir hinein. Da sagte Jesus zu ihm: Steh auf, nimm deine Bahre und geh! Sofort wurde der Mann gesund, nahm seine Bahre und ging. Dieser Tag war aber ein Sabbat. Da sagten die Juden zu dem Geheilten: Es ist Sabbat, du darfst deine Bahre nicht tragen. Er erwiderte: Der Mann, der mich gesund gemacht hat, sagte zu mir: Nimm deine Bahre und geh! Sie fragten ihn: Wer ist das denn, der zu dir gesagt hat: Nimm deine Bahre und geh? Der Geheilte wusste aber nicht, wer es war. Jesus war nämlich weggegangen, weil sich dort eine große Menschenmenge angesammelt hatte. Später traf ihn Jesus im Tempel und sagte zu ihm: Jetzt bist du gesund; sündige nicht mehr, damit dir nicht noch Schlimmeres zustößt. Der Mann ging fort und teilte den Juden mit, dass es Jesus war, der ihn gesund gemacht hatte. Daraufhin verfolgten die Juden Jesus, weil er das an einem Sabbat getan hatte. Jesus aber entgegnete ihnen: Mein Vater ist noch immer am Werk, und auch ich bin am Werk. Darum waren die Juden noch mehr darauf aus, ihn zu töten, weil er nicht nur den Sabbat brach, sondern auch Gott seinen Vater nannte und sich damit Gott gleichstellte. (Joh 5,1–18)

Das Wunder am Teich

Der Teich ist schon im Alten Testament bezeugt (Jes 7,3; 2 Kön 18,18). Zur Zeit Jesu hatte er zwei Becken. Auf der Trennmauer lagen Kranke, die auf das Aufwallen des Wassers warteten, das Engeln zugeschrieben wurde; daher die heilende Wirkung des Wassers. Möglicherweise konnte man durch eine Stauvorrichtung das Wasser in Bewegung bringen, so dass es »lebendiges«, fließendes Wasser wurde.

Jesus trifft dort einen Kranken, der schon 38 Jahre leidet und dem niemand hilft: »Herr, ich habe keinen Menschen.« An dem Ort, wo die Kranken auf Heilung hoffen, hat er keine Chance. Er kann eigentlich nur auf den Tod warten. Mitten hinein in seine Hoffnungslosigkeit fragt ihn Jesus: »Willst du gesund werden?« In Jesus trifft der Kranke auf einen Menschen, der ihm hilft. Jesus sagt zu ihm: »Steh auf, nimm deine Bahre und geh!« Da geschieht das Unmögliche: Er steht von allein auf, nimmt seine Bahre und geht, was er 38 Jahre nicht mehr gekonnt hatte.

Der Geheilte kennt Jesus nicht. Jesus ist sofort weggegangen. Als sie sich anschließend im nahe gelegenen Tempel begegnen, erkennt er, dass es Jesus war, der ihn geheilt hat. Dann sagt Jesus zu ihm: »Du bist jetzt gesund geworden; sündige nicht mehr, damit dir nicht noch Schlimmeres zustößt.« Mit der Heilung hat Jesus ihm auch eine neue Gottesbeziehung geschenkt, die an seinem Tempelbesuch sichtbar wird. Diesen ihm geschenkten Neuanfang darf er nicht aufs Spiel setzen, damit ihm nichts Schlimmeres widerfährt, nämlich ewiges Verderben.

Da Jesus die Heilung am Sabbat gewirkt hatte, nehmen die Juden Anstoß. Jesus antwortet, indem er auf das Wirken Gottes verweist. Er nennt Gott seinen Vater, er wirkt wie der Vater und stellt sich damit an die Seite Gottes. Denn er ist Gottes Sohn. In der Einheit des Wirkens mit dem Vater offenbart er seine Göttlichkeit, was wir nur im Glauben erfassen können.

An der Heilung des 38 Jahre lang Kranken zeigt uns Jesus, dass er uns mehr bringt als körperliche Gesundheit. Er sagt auch uns: »Steh auf!« Wir sollen aufstehen im Glauben. Denn durch den Glauben gibt uns Jesus ein »Mehr an Leben«, ewiges, göttliches Leben. Was das ist, wird einst bei der Auferstehung sichtbar. »Jetzt sind wir Kinder Gottes. Aber was wir sein werden, ist noch nicht offenbar geworden. Wir wissen, dass wir ihm ähnlich sein werden, wenn er offenbar wird; denn wir werden ihn sehen, wie er ist« (1 Joh 3,2).

Die Weissagung über den Immanuel

An diesem Teich erfolgte wohl auch die Weissagung durch den Propheten Jesaja über die Geburt des Erlösers.

> *Der Herr sprach noch einmal zu Ahas; er sagte: Erbitte dir vom Herrn, deinem Gott, ein Zeichen, sei es von unten, aus der Unterwelt, oder von oben, aus der Höhe. Ahas antwortete: Ich will um nichts bitten und den Herrn nicht auf die Probe stellen. Da sagte Jesaja: Hört her, ihr vom Haus David! Genügt es euch nicht, Menschen zu belästigen? Müsst ihr auch noch meinen Gott belästigen? Darum wird euch der Herr von sich aus ein Zeichen geben: Seht, die Jungfrau wird ein Kind empfan-*

gen, sie wird einen Sohn gebären, und sie wird ihm den Namen Immanuel (Gott mit uns) geben. Er wird Butter und Honig essen bis zu der Zeit, in der er versteht, das Böse zu verwerfen und das Gute zu wählen. (Jes 7,10–15)

Jerusalem wird bedroht durch zwei Könige aus dem Norden. Ahas, der König von Jerusalem, hat Angst wegen der Überlegenheit der feindlichen Heere. Jesaja wird von Gott an den Teich zum König gesandt, um ihm Mut zu machen im Vertrauen auf Gottes Hilfe. Gott gibt ihm ein Zeichen: es ist die Geburt eines Sohnes, den die junge Königin zur Welt bringen wird. In diesem Kind erfüllt sich jedoch die Verheißung nicht; denn Hiskija, das erwartete Kind, ist nicht der Immanuel.

Die Geburt des Königskindes von der jungen Frau im 8. Jahrhundert vor Christus ist folglich ihrerseits ein Zeichen, nämlich für die Geburt des Sohnes aus der Jungfrau Maria, der den Namen Immanuel tragen wird, d. h. »Gott ist mit uns«, und das wird er auch sein. Denn in Jesus, dem Sohn der Jungfrau Maria, wird der Sohn zur Welt kommen, der selbst Gott ist. In ihm steht uns Gott zur Seite, so dass wir uns vor keiner Macht der Welt ängstigen müssen. Mit Gott sind wir immer in der Überzahl, wie die heilige Teresa von Ávila sagte.

Die Kirche St. Anna

In byzantinischer Zeit lokalisierte man hier das Haus der Eltern Marias, Joachim und Anna. Heute trägt die von den Kreuzfahrern erbaute Kirche den Namen der heiligen Anna. Die Lokalisierung des Elternhauses Mariens brachte es mit sich, dass hier auch die Stätte der Geburt der Gottesmutter verehrt wird.

Die Heilige Schrift berichtet darüber nichts. Doch die Frömmigkeit machte sich fest an bestimmten Orten, die durch das Gebet frommer Pilger durch Jahrhunderte geheiligt sind. So verehrt man in dieser Kirche die Geburt Mariens.

Am Ölberg – Jesu Einzug nach Jerusalem

Nach jüdischer Auffassung wird der Messias aus dem Osten vom Ölberg herab nach Jerusalem kommen.

> *Nach dieser Rede zog Jesus weiter und ging nach Jerusalem hinauf. Als er in die Nähe von Betfage und Betanien kam, an den Berg, der Ölberg heißt, schickte er zwei seiner Jünger voraus und sagte: Geht in das Dorf, das vor uns liegt. Wenn ihr hineinkommt, werdet ihr dort einen jungen Esel angebunden finden, auf dem noch nie ein Mensch gesessen hat. Bindet ihn los, und bringt ihn her! Und wenn euch jemand fragt: Warum bindet ihr ihn los?, dann antwortet: Der Herr braucht ihn. Die beiden machten sich auf den Weg und fanden alles so, wie er es ihnen gesagt hatte. Als sie den jungen Esel losbanden, sagten die Leute, denen er gehörte: Warum bindet ihr den Esel los? Sie antworteten: Der Herr braucht ihn. Dann führten sie ihn zu Jesus, legten ihre Kleider auf das Tier und halfen Jesus hinauf. Während er dahinritt, breiteten die Jünger ihre Kleider auf der Straße aus. Als er an die Stelle kam, wo der Weg vom Ölberg hinabführt, begannen alle Jünger freudig und mit lauter Stimme Gott zu loben wegen all der Wundertaten, die sie erlebt hatten. Sie riefen: Gepriesen sei der König, der kommt im Namen des Herrn. Im Himmel Friede und Herrlichkeit in der Höhe! Da riefen ihm einige Pharisäer aus der Menge zu: Meister, bring deine Jünger zum Schweigen! Er erwiderte: Ich sage euch: Wenn sie schweigen, werden die Steine schreien. (Lk 19,28–40)*

Nun zieht Jesus vom Ölberg herab nach Jerusalem. Er reitet nicht hoch zu Ross, sondern auf einem Esel. Die großen Könige Israels David und Salomo ritten auf einem Esel. Auf einem Esel kommt der junge David zu Saul (1 Sam 16,20f.). Und Salomo wird auf dem Esel Davids als König ausgerufen, und das Volk huldigt ihm: »Es lebe König Salomo!« (1 Kön 1,33–40). Schon beim Propheten Sacharja heißt es, dass der Messias-König auf einem Esel reitend kommen wird: »Juble laut, Tochter Zion! Jauchze, Tochter Jerusalem! Siehe, dein König kommt zu dir. Er ist gerecht und hilft; er ist demütig und reitet auf einem Esel, auf einem Fohlen, dem Jungen einer Eselin. Ich vernichte die Streitwagen aus Efraim und die Rosse aus Jerusalem, vernichtet wird der Kriegsbogen. Er verkündet für die Völker den Frieden; seine Herrschaft reicht von Meer zu Meer und vom Eufrat bis an die Enden der Erde« (Sach 9,9f.). Dieser König bringt Jerusalem und allen Völkern den Frieden.

Indem Jesus sich auf den Esel setzt und in Jerusalem einzieht, zeigt er, dass er der von Sacharja verheißene König ist. Er kommt nicht hoch zu Ross, sondern in Demut auf einem Esel.

Die Jünger und das Volk verstehen dies und huldigen Jesus als dem Sohn Davids, dem erwarteten Messias-König, mit Zweigen; so ehrte man damals einen Herrscher. Sie breiteten ihre Kleider aus und huldigten ihm mit dem Ruf des Hosanna und hießen ihn willkommen: »Gesegnet sei er, der kommt im Namen des Herrn.« Mit diesem Ruf wird Gott schon in den Psalmen gepriesen (Ps 118,35f.). Mit diesem königlichen Einzug in Jerusalem, in die Stadt des großen Königs (Ps 48,3), bekennt sich Jesus jetzt öffentlich als König auf Davids Thron, als der verheißene Retter, als der Messias.

Dominus-flevit-Kapelle

*

Als er näher kam und die Stadt sah, weinte er über sie und sagte: Wenn doch auch du an diesem Tag erkannt hättest, was dir Frieden bringt. Jetzt aber bleibt es vor deinen Augen verborgen. Es wird eine Zeit für dich kommen, in der deine Feinde rings um dich einen Wall aufwerfen, dich einschließen und von allen Seiten bedrängen. Sie werden dich und deine Kinder zerschmettern und keinen Stein auf dem andern lassen; denn du hast die Zeit der Gnade nicht erkannt. (Lk 19,41–44)

Die freudige Begrüßung Jesu ist nur die eine Seite seines Einzugs in Jerusalem. Beim Abstieg vom Ölberg liegt die ganze Stadt vor ihnen. Als Jesus sie sieht, weint er über sie und sagt: »Wenn doch auch du an diesem Tag erkannt hättest, was dir Frieden bringt« (Lk 19,41f.). Jesus sieht die Stadt vor sich, die die Propheten tötet und in wenigen Tagen auch ihn töten wird und später einmal so zerstört wird, dass kein Stein auf dem anderen bleibt. Jesus weint über die Stadt, weil sie ihn nicht aufnimmt und sich so selbst ins Unglück stürzt: »Jerusalem, Jerusalem, du tötest die Propheten und steinigst die Boten, die zu dir gesandt sind. Wie oft wollte ich deine Kinder um mich sammeln, so wie eine Henne ihre Küken unter ihre Flügel nimmt; aber ihr habt nicht gewollt« (Mt 23,37).

Die Heilige Stadt, das Herz Israels, wird seinen so lange erwarteten Messias mit Unglauben empfangen und ans Kreuz bringen.

Am Abhang des Ölbergs steht die Kirche *Dominus flevit* (»Der Herr hat geweint«) und erinnert uns daran, dass auch wir vor der gleichen Entscheidung stehen, und ruft uns auf, uns nicht selbst ins Unglück zu stürzen, sondern Jesus als unseren Herrn und Heiland aufzunehmen. Denn er ist unser Heil.

Am Ölberg – Pater-Noster-Kirche und Himmelfahrtskapelle

Die Pater-Noster-Kirche

So sollt ihr beten:
Unser Vater im Himmel,
dein Name werde geheiligt,
dein Reich komme,
dein Wille geschehe
wie im Himmel, so auf der Erde.
Gib uns heute das Brot, das wir brauchen.
Und erlass uns unsere Schulden,
wir auch wir sie unseren Schuldnern erlassen haben.
Und führe uns nicht in Versuchung,
sondern rette uns vor dem Bösen. (Mt 6,9–13)

Als die Kaiserin Helena 326 das Heilige Land besuchte, ließ sie nicht nur die Geburtskirche in Betlehem und die Grabeskirche in Jerusalem errichten, sondern auch eine bedeutende Basilika auf dem Ölberg. Sie trug den Namen *Eleona*, Kirche auf dem Ölberg. Diese Kirche umschloss eine Grotte, in der alter Überlieferung zufolge Jesus seine Jünger »in die heiligen Mysterien einführte«, wie Bischof Eusebius von Cäsarea berichtet. Da Jesus an diesem Ort die Jünger nach der Überlieferung auch das Vaterunser gelehrt hat, nennt man die Kirche heute Pater-Noster-Kirche.

Der Evangelist Matthäus hat dieses Gebet in die Bergpredigt eingefügt. In etwas kürzerer Form überliefert auch

Lukas 11,2–4 dieses Gebet. Das Vaterunser ist das Herzstück der Bergpredigt. Tertullian nennt es die Kurzformel des ganzen Evangeliums *(breviarium totius Evangelii)*.

Der Schlüssel zu diesem Gebet ist die Anrede: Vater. Wir dürfen Gott so ansprechen, weil Jesus uns teilhaben lässt an seinem Beten. Er lässt uns in sein Inneres blicken und nimmt uns hinein in sein Verhältnis zum Vater. Wir dürfen wie er und mit ihm zu Gott »Vater« sagen; das bedeutet Teilhabe am Gespräch und an der Liebe zwischen Vater und Sohn. So sehr es unser persönliches Gebet ist – wir beten es nie allein, sondern immer in der Gemeinschaft der Kinder Gottes, indem wir uns miteinander an unseren himmlischen Vater wenden.

> »Beten ist wesentlich immer auch Beten im Wir der Kinder Gottes. Nur in diesem Wir sind wir Kinder unseres Vaters, zu dem zu beten uns der Herr gelehrt hat. Nur dieses Wir öffnet uns den Zugang zum Vater.« (Benedikt XVI.)

Im ersten Teil geht um die Hoheit und Ehre Gottes:

– um die Heiligung seines Namens, durch die Gottes Gottsein anerkannt wird;

– um das Kommen seines Reiches, durch das er seine allumfassende Herrschaft aufrichtet, die eine Leben spendende Herrschaft der Wahrheit, der Gerechtigkeit und der Liebe ist;

– um die Erfüllung seines Willens.

Vor diesem Gott, unserem Vater, stehen wir als seine Kinder. Von ihm empfangen wir unser Leben, das ganz auf ihn hingeordnet ist. Darum geht es im zweiten Teil, in dem all unsere Bedürfnisse zur Sprache kommen, vor allem, dass wir dem Bösen entrissen werden, dass der Versucher nie die Oberhand über uns gewinnt und wir so stets mit Gott verbunden bleiben.

Das Vaterunser, das uns Jesus gelehrt hat, sollen wir nicht nur beten, sondern auch leben, indem wir Gott zur Mitte und zum Schwerpunkt unseres Lebens machen und unser ganzes Leben in seine gute Vaterhand legen. So dürfen wir frei von Ängsten in heiliger Sorglosigkeit leben (Mt 6,19–34).

Die Himmelfahrtskapelle

Beim gemeinsamen Mahl gebot er ihnen: Geht nicht weg von Jerusalem, sondern wartet auf die Verheißung des Vaters, die ihr von mir vernommen habt. Johannes hat mit Wasser getauft, ihr aber werdet schon in wenigen Tagen mit dem Heiligen Geist getauft. Als sie nun beisammen waren, fragten sie ihn: Herr, stellst du in dieser Zeit das Reich für Israel wieder her? Er sagte zu ihnen: Euch steht es nicht zu, Zeiten und Fristen zu erfahren, die der Vater in seiner Macht festgesetzt hat. Aber ihr werdet die Kraft des Heiligen Geistes empfangen, der auf euch herabkommen wird; und ihr werdet meine Zeugen sein in Jerusalem und in ganz Judäa und Samarien und bis an die Grenzen der Erde. Als er das gesagt hatte, wurde er vor ihren Augen emporgehoben, und eine Wolke nahm ihn auf und entzog ihn ihren Blicken. Während sie unverwandt ihm nach zum Himmel emporschauten, standen plötzlich zwei Männer in weißen Gewändern bei ihnen und sagten: Ihr Männer von Galiläa, was steht ihr da und schaut zum Himmel empor? Dieser Jesus, der von euch ging und in den Himmel aufgenommen wurde, wird ebenso wiederkommen, wie ihr ihn habt zum Himmel hingehen sehen. Dann kehrten sie vom Ölberg, der nur einen Sabbatweg von Jerusalem entfernt ist, nach Jerusalem zurück. (Apg 1,4–12)

Wenige Jahrzehnte nach dem Bau der Eleona ließ im Jahre 378 eine reiche Römerin zum Andenken an die Himmelfahrt des Herrn etwas höher gelegen eine kleine Kapelle bauen. Es war ein Rundbau, der kein Dach hatte, sondern den Blick zum Himmel freigab, um allen, wie im 7. Jahrhundert ein pilgernder Bischof aus Gallien sagte, »den Weg zum Himmel zu zeigen«. Die heutige Kuppel wurde um 1200 von den Osmanen hinzugefügt.

Nach einem Mahl führte der Auferstandene die Jünger auf den Ölberg. Dort erteilte er ihnen den letzten Auftrag: »Ihr werdet meine Zeugen sein in Jerusalem und in ganz Judäa und Samaria und bis an die Grenzen der Erde« (Apg 1,8). Er stellte die Zwölf vor die große Aufgabe, in der ganzen Welt das Evangelium zu verkünden und alle Menschen zu seinen Jüngern zu machen. Als Ausrüstung für die alle menschliche Kraft übersteigende Aufgabe versprach er ihnen den Heiligen Geist, den er in wenigen Tagen auf sie herabsenden würde.

Dann wurde Jesus vor ihren Augen emporgehoben, und eine Wolke nahm ihn auf. Die Wolke ist in der Bibel das Zeichen der geheimnisvollen Gegenwart Gottes. Schon während der Wüstenwanderung zeigte Gott den Israeliten in einer Wolkensäule, die in der Nacht leuchtete und am Tag Schatten spendete, dass er mit ihnen auf dem Weg ist.

Vom Ölberg kehrt Jesus zum Vater zurück und erhält den Platz zu seiner Rechten. So sieht ihn Stefanus, als er in den geöffneten Himmel schauen darf: »Ich sehe den Himmel offen und den Menschensohn zur Rechten Gottes stehen« (Apg 7,55f.). Das bekennen wir im Credo: »Aufgefahren in den Himmel, er sitzt zur Rechten Gottes, des allmächtigen Vaters, von dort wird er kommen zu richten die Lebenden und die Toten.«

Jesus lebt als dem Vater gleichwesentlicher Sohn seit Ewigkeit in der Herrlichkeit Gottes. Nun aber wird er auch in seiner Menschheit in die Gottesherrlichkeit aufgenommen. Paulus sagt dies im Römerbrief: Jesus »ist dem Geist der Heiligkeit nach eingesetzt als Sohn Gottes in Macht seit der Auferstehung von den Toten« (Röm 1,4). Diese Verherrlichung Jesu geschah in der Auferstehung, wird aber bei der Himmelfahrt durch die Entrückung von der Erde und die Aufnahme in die Wolke Gottes auch in einem sichtbaren Zeichen dargestellt. »Die Wolke ist ein Symbol des Himmels« (Johannes Chrysostomus), ein Zeichen der Verborgenheit Gottes und zugleich seiner unfassbaren Nähe.

Als Jesus den Blicken der Jünger entzogen ist, sagen ihnen Engel, dass er so wiederkommen wird, nämlich am Ende der Welt zum Gericht. Hat Jesus nun die Seinen verlassen?

Auch im Matthäusevangelium wird uns die letzte Begegnung des Auferstandenen mit den Jüngern überliefert, doch in einer etwas anderen Form. Dort verspricht ihnen Jesus: »Seht, ich bin bei euch alle Tage bis zum Ende der Welt« (Mt 28,20). Er ist, wie es in der Apostelgeschichte heißt, nur »ihren Blicken entzogen«, aber er bleibt bei ihnen. Und so ist er auch bei uns.

Nach der Himmelfahrt des Herrn kehren die Jünger »in großer Freude« (Lk 24,52) nach Jerusalem zurück, wissend, dass der Herr sie nicht verlassen hat, sondern auf neue, viel tiefere Weise für immer bei ihnen sein wird. Im Obergemach, wo sie mit Jesus das Abendmahl gefeiert haben, bleiben sie nun und warten betend auf den Heiligen Geist, den Jesus ihnen versprochen hat. Durch den Geist werden sie erfahren, dass der Herr bei ihnen ist. Durch den Heiligen Geist ist auch uns die Gegenwart des Herrn geschenkt.

Auch wir sollen Zeugen für Christus sein. »Ihr werdet meine Zeugen sein« (Apg 1,8), lautet der letzte Auftrag Jesu an seine Jünger, in dem er zusammenfasst, worum es in ihrer Sendung geht. Das ist heute auch unsere Sendung. Das

Zeugnis des Zeugen hängt an seiner Glaubwürdigkeit. Sein Leben muss übereinstimmen mit der Botschaft Jesu, die an ihm sichtbar wird. Unser Leben selbst soll Botschaft werden. Nur so entfaltet der Zeuge missionarische Kraft, die andere für die Jüngerschaft Jesu gewinnt. Nur so wird das große Geschenk des Glaubens weitergegeben: nicht durch Propaganda, sondern durch das Zeugnis unserer Hoffnung. Durch das glaubwürdige Zeugnis des Zeugen kommen die Menschen in Berührung mit dem Bezeugten, Jesus Christus.

Getsemani

Darauf kam Jesus mit den Jüngern zu einem Grundstück, das man Getsemani nennt, und sagte zu ihnen: Setzt euch und wartet hier, während ich dort bete. Und er nahm Petrus und die beiden Söhne des Zebedäus mit sich. Da ergriff ihn Angst und Traurigkeit, und er sagte zu ihnen: Meine Seele ist zu Tode betrübt. Bleibt hier und wacht mit mir! Und er ging ein Stück weiter, warf sich zu Boden und betete: Mein Vater, wenn es möglich ist, dann gehe dieser Kelch an mir vorüber. Aber nicht wie ich will, sondern wie du willst. Und er ging zu den Jüngern zurück und fand sie schlafend. Da sagte er zu Petrus: Konntet ihr nicht einmal eine Stunde mit mir wachen? Wacht und betet, damit ihr nicht in Versuchung geratet. Der Geist ist willig, aber das Fleisch ist schwach. Dann ging er zum zweiten Mal weg und betete: Mein Vater, wenn dieser Kelch an mir nicht vorübergehen kann, ohne dass ich ihn trinke, geschehe dein Wille. Als er zurückkam, fand er sie wieder schlafend, denn die Augen waren ihnen zugefallen. Und er ging wieder von ihnen weg und betete zum dritten Mal mit den gleichen Worten. Danach kehrte er zu den Jüngern zurück und sagte zu ihnen: Schlaft ihr immer noch und ruht euch aus? Die Stunde ist gekommen, jetzt wird der Menschensohn den Sündern ausgeliefert. Steht auf, wir wollen gehen! Seht, der Verräter, der mich ausliefert, ist da. Während er noch redete, kam Judas, einer der Zwölf, mit einer großen Schar von Männern, die mit Schwertern und Knüppeln bewaffnet waren; sie waren von den Hohenpriestern und den Ältesten des Volkes geschickt worden. Der Verräter hatte mit ihnen ein Zeichen verabredet und gesagt: Der, den ich küssen werde, der ist es; nehmt ihn fest. Sogleich ging er auf Jesus zu und sagte: Sei gegrüßt, Rabbi! Und er küsste ihn. Jesus erwiderte ihm: Freund, dazu bist du gekommen? Da gingen sie auf Jesus zu, ergriffen ihn und nahmen ihn fest. Doch einer von den Begleitern Jesu zog sein Schwert, schlug auf den Diener des Hohenpriesters ein und hieb ihm ein Ohr ab. Da sagte Jesus zu ihm: Steck dein Schwert in die Scheide; denn alle, die zum Schwert greifen, werden durch das Schwert umkommen. Oder glaubst du nicht, mein Vater würde mir sogleich mehr als zwölf Legionen Engel schicken, wenn ich ihn darum bitte? Wie würde dann aber die Schrift erfüllt, nach der es so geschehen muss? Darauf sagte Jesus zu den Männern: Wie gegen einen Räuber seid ihr mit Schwertern und Knüppeln ausgezogen, um mich festzunehmen. Tag für Tag saß ich im Tempel und lehrte, und ihr habt mich nicht verhaftet. Das alles aber ist geschehen, damit die Schriften der Propheten in Erfüllung gehen. Da verließen ihn alle Jünger und flohen. (Mt 26,36–56)

Nach dem Abendmahl ging Jesus mit den Jüngern ins Kidrontal am Fuß des Ölbergs. Sie gingen in ein Grundstück, das Getsemani heißt. Dort befand sich ein Garten, in den Jesus öfter mit seinen Jüngern gekommen war.

Hier beginnt Jesus seinen Leidensweg. Zwei Orte kennzeichnen diesen Anfang: der Fels, wo Jesus betete, über dem sich heute die Kirche der Nationen erhebt, und die nördlich davon gelegene Grotte des Verrats und der Gefangennahme.

Angst und Traurigkeit haben Jesus ergriffen. Zu den Jüngern sagt er: »Meine Seele ist zu Tode betrübt. Bleibt hier und wacht mit mir!« (Mt 26,38). Nur drei Jünger dürfen noch ein Stück mit ihm gehen, die gleichen, die ihn auf dem Berg der Verklärung haben sehen dürfen: Petrus, Jakobus und Johannes. Dann müssen auch sie zurückbleiben. Was jetzt geschieht, spielt sich in der Einsamkeit zwischen Vater und Sohn ab. Jesus geht allein weiter, wirft sich zu Boden und betet: »Mein Vater, wenn es möglich ist, gehe dieser Kelch an mir vorüber. Aber nicht wie ich will, sondern wie du willst« (Mt 26,39). So ringt Jesus sich durch, Gottes Nähe und Liebe durch die Todeszone seines Sterbens hindurchzutragen.

Jesus sieht den Tod vor sich, doch er will leben. So beginnt in seiner Seele der Todeskampf. Durch die Angst und seinen Lebenswillen zeigt er seine wahre Menschlichkeit. Er flieht nicht, er hält stand und ruft zum Vater, ihn vor dem Tod zu bewahren. Niemand kann ergründen, was hier zwischen Vater und Sohn geschieht. Nur das Ergebnis wird uns mitgeteilt. Der Vater nimmt den Kelch des Todes nicht zurück. Dem Anprall der Sünde gibt er nicht nach; denn nur durch den Tod des Sohnes wird die Welt erlöst. Jesus betet sich in den Erlösungswillen des Vaters hinein: Nicht wie ich will, sondern wie du willst. Er ist »gehorsam bis zum Tod, bis zum Tod am Kreuz« (Phil 2,8). Er nimmt seinen menschlichen Lebenswillen zurück und legt ihn in die Hand des Vaters. Aus dessen Hand nimmt er den Kelch des Leidens an und trinkt ihn am Kreuz aus bis zur Neige.

Mit der Übernahme des Leidenskelches und des Sterbens am Kreuz muss Jesus den Vater nicht versöhnen. Die Versöhnung geht nämlich vom Vater aus. Er versöhnt die Welt mit sich und tut dies durch seinen Sohn Jesus Christus. Der heilige Paulus schreibt: »Gott war es, der in Christus die Welt mit sich versöhnt hat« (2 Kor 5,19). Nicht wir versöhnen Gott, er versöhnt sich mit uns in Christus. Dieses Werk der göttlichen Versöhnung ist seine Liebe. Der Vater gibt den Sohn für uns dahin: »Gott hat die Welt so sehr geliebt, dass er seinen einzigen Sohn hingab« (Joh 3,16). Und Jesus gibt sich aus Liebe für uns in den Tod. Das sagt er beim Abendmahl. Er gibt den Jüngern seinen »Leib, der für euch hingegeben wird« und sein »Blut, das für euch vergossen wird« (Lk 24,19f.). Im Gebet Jesu am Ölberg zeigt sich die Einheit der Liebe von Vater und Sohn, uns Menschen mit sich zu versöhnen.

Die Jünger schlafen indes. So schwach sind sie, dass sie nicht wachen und beten, sondern ihren Meister alleinlassen in seiner Todesangst. Ihr Versagen am Ölberg setzt sich fort. Als Jesus gefangengenommen wird, fliehen sie alle, und am Karfreitag lassen sie Jesus auch allein am Kreuz hängen. Nur einer, der Lieblingsjünger, wird mit Maria beim Kreuz stehen.

Wacht und betet! Dieses Wort Jesu gilt uns und all seinen Jüngern. Nur durch Wachsamkeit und Gebet finden wir die Kraft, nicht zu fliehen, sondern den Weg Jesu mitzugehen, ihm auch mit dem Kreuz nachzufolgen und so sein Schicksal zu teilen. »Das Leidenkönnen gehört zu den Erkennungszeichen der Kirche« (Joachim Gnilka). Das sollten wir nie vergessen.

Von Judas, einem der Zwölf, verraten, wird Jesus gefangengenommen. Petrus schlägt mit einem Schwert zu und haut dem Diener des Hohenpriesters das Ohr ab. Jesus weist ihn zurecht: »Stecke dein Schwert in die Scheide; denn alle, die zum Schwert greifen, werden durch das Schwert umkommen« (Mt 26,52). Die Gewaltlosigkeit, die Jesus in der Bergpredigt verkündet, übt er selbst. Er könnte mit Legionen von Engeln seine Häscher davonjagen. Er tut es nicht. Der Herr und künftige Richter der Welt lässt sich binden und abführen. Gewaltlos geht er seinen Weg ans Kreuz. Gewaltlosigkeit, wie sie uns Jesus vorgelebt hat, muss auch den Weg seiner Jünger bestimmen.

Das Obergemach – Der Saal des Abendmahls

Als das Fest der Ungesäuerten Brote kam, sandte Jesus Petrus und Johannes in ein näher bestimmtes Obergemach, wo sie das Paschamahl vorbereiten sollten (Lk 22,7–13). Am Abend feierte Jesus dort mit seinen Jüngern das Letzte Abendmahl. Der heutige Abendmahlsaal stammt zwar aus der Zeit der Kreuzfahrer, die ihn gebaut haben. Der alten, nie bestrittenen Überlieferung zufolge stand jedoch an dieser Stelle das Haus, in dessen Obergemach Jesus das Abendmahl feierte. Der heutige Abendmahlsaal ist ein solches Obergemach. So nannte man einen Raum, der, im oberen Stockwerk gelegen, in größeren Häusern der vornehmste Ort war, wo man die Gäste empfing.

Dieses Obergemach sollte die Stätte weiterer bedeutender Ereignisse werden. Nach ältester Jerusalemer Tradition erschien dort der Auferstandene den Jüngern bei verschlossenen Türen. Dort erlebten die Jünger an Pfingsten das Kommen des Heiligen Geistes. Darum ist es nicht verwunderlich, dass sich an diesem Ort auch die ersten Christen versammelten. Hier stehen wir am Anfang der Kirche.

Das Abendmahl

Als die Stunde gekommen war, begab er sich mit den Aposteln zu Tisch. Und er sagte zu ihnen: Ich habe mich sehr danach gesehnt, vor meinem Leiden dieses Paschamahl mit euch zu essen. Denn ich sage euch: Ich werde es nicht mehr essen, bis das Mahl seine Erfüllung findet im Reich Gottes. Und er nahm den Kelch, sprach das Dankgebet und sagte: Nehmt den Wein, und verteilt ihn untereinander! Denn ich sage euch: Von nun an werde ich nicht mehr von der Frucht des Weinstocks trinken, bis das Reich Gottes kommt. Und er nahm Brot, sprach das Dankgebet, brach das Brot und reichte es ihnen mit den Worten: Das ist mein Leib, der für euch hingegeben wird. Tut dies zu meinem Gedächtnis! Ebenso nahm er nach dem Mahl den Kelch und sagte: Dieser Kelch ist der Neue Bund in meinem Blut, das für euch vergossen wird. (Lk 22,14–20)

Im Wissen um seinen bevorstehenden Tod feiert Jesus mit seinen Jüngern das Abendmahl. Es ist die Nacht vor seinem Leiden. Das Mahl hat die Gestalt des Pessach-Mahles, das die Juden alljährlich feiern und bei dem sie das Lamm essen, das im Tempel geschlachtet wird. In diesem Mahl feiern sie die Erinnerung an den Auszug aus Ägypten und an den Bund, den Gott am Sinai mit seinem Volk geschlossen hat. Damals hat Mose das Volk mit dem Blut eines geopferten Tieres besprengt (Ex 24,5–8). Dieser Ritus machte deutlich: Wer den Bund bricht, muss sein Blut vergießen wie die Opfertiere.

An zwei Stellen weicht Jesus vom Ablauf des jüdischen Mahles ab. Als Hausvater reicht er den Jüngern das Brot und spricht dabei: »Das ist mein Leib, der für euch hingegeben wird« (Lk 22,15). Jesus nimmt damit seinen herannahenden Tod voraus und gibt ihnen seinen am Kreuz hingegebenen Leib zur Speise: Das Brot, das ich euch reiche, bin ich, der am Kreuz für euch Dahingegebene.

Er reicht ihnen auch den Becher mit Wein und spricht dabei: »Das ist mein Blut, das Blut des Bundes, das für viele vergossen wird zur Vergebung der Sünden« (Mt 26,28); »dieser Kelch ist der Neue Bund in meinem Blut, das für euch vergossen wird« (Lk 22,20).

Im Blut, das Jesus sterbend am Kreuz vergießt, schließt Gott den Neuen Bund mit uns. Der Alte Bund vom Sinai, im Blut eines Tieres geschlossen, war Vorausbild. Jetzt ist, was damals auf Hoffnung hin gezeigt wurde, erfüllt im Neuen Bund. Der Prophet Jeremia hat dies schon vorausgesagt:

Seht, es werden Tage kommen – Spruch des Herrn –, in denen ich mit dem Haus Israel und dem Haus Juda einen neuen Bund schließen werde, nicht wie der Bund war, den ich mit ihren Vätern geschlossen habe, als ich sie bei der Hand nahm, um sie

Innenansicht des Obergemachs

aus Ägypten herauszuführen. Diesen meinen Bund haben sie gebrochen, obwohl ich ihr Gebieter war – Spruch des Herrn. Denn das wird der Bund sein, den ich nach diesen Tagen mit dem Haus Israel schließe – Spruch des Herrn: Ich lege mein Gesetz in sie hinein und schreibe es auf ihr Herz. Ich werde ihr Gott sein und sie werden mein Volk sein. Keiner wird mehr den andern belehren, man wird nicht zueinander sagen: Erkennt den Herrn!, sondern sie alle, Klein und Groß, werden mich erkennen – Spruch des Herrn. Denn ich verzeihe ihnen die Schuld, an ihre Sünde denke ich nicht mehr. (Jer 31,31–34)

Dieser Neue Bund ist ein ewiger Bund, der kein Ende kennt und auch nicht mehr überholbar ist. Es ist Gottes Bund mit uns Menschen für die Ewigkeit.

Jesus feiert das Abendmahl mit seinen Jüngern nicht am Freitag wie die Juden, sondern schon vorher. Sie essen kein Lamm, das im Tempel geschlachtet wurde, denn die Lämmer wurden erst am Freitag geschlachtet. An dessen Stelle reicht Jesus sich selbst den Aposteln in den eucharistischen Gaben als das neue, wahre Osterlamm zur Speise, das am Kreuz geopfert und in dessen Blut der Neue Bund geschlossen wird.

Damit erfüllt sich auch, was im Manna-Wunder in der Wüste vorausgebildet war. Jesus ist das wahre Brot vom Himmel, das der Vater uns gibt (Joh 6,32.41). Jesus gibt sich selbst in den Gaben von Brot und Wein. Und die Jünger essen seinen Leib und trinken sein Blut. Essen und Trinken heißt empfangen und aufnehmen. Wer aber Jesus aufnimmt, wird zugleich von ihm aufgenommen. Damit nimmt Jesus die Seinen hinein in den in seinem Tod geschlossenen Bund und lässt sie die Früchte des Heils erfahren, an erster Stelle die Vergebung der Sünden. Jesus nimmt sie hinein in seine innigste Gemeinschaft; es ist die Gemeinschaft mit dem gekreuzigten und auferstandenen Herrn.

Was hier geschieht, erklärt Jesus bei der großen Rede in Kafarnaum: »Wer mein Fleisch isst und mein Blut trinkt, hat das ewige Leben, und ich werde ihn auferwecken am Letzten Tag. Denn mein Fleisch ist wirklich eine Speise, und mein Blut ist wirklich ein Trank. Wer mein Fleisch isst und mein Blut trinkt, der bleibt in mir, und ich bleibe in ihm. Wie mich der lebendige Vater gesandt hat und wie ich durch den Vater lebe, so wird jeder, der mich isst, durch mich leben« (Joh 6,54–57). Durch diese Lebensgemeinschaft mit Jesus werden wir hineingenommen in die Gemeinschaft, in der Jesus mit dem Vater lebt: »Ich bin in meinem Vater, und ihr seid in mir, und ich bin in euch« (Joh 14,20).

Jesus gibt auch den Auftrag: »Tut dies zu meinem Gedächtnis!« (Lk 22,19; 1 Kor 11,24). In jeder Eucharistiefeier erfüllen wir seinen Auftrag. In ihr ist er selbst in unserer Mitte und reicht uns seinen Leib und sein Blut, wie er es damals in der Nacht vor seinem Leiden bei den Jüngern getan hat.

In dieser Feier gibt er uns zugleich auch das Unterpfand, dass wir einst auch im Himmel mit ihm an seinem Tisch essen und trinken werden (Lk 22,30; Mt 26,29). Darum schauen wir bei der Eucharistiefeier nicht nur zurück auf das Letzte Abendmahl, sondern richten unseren Blick auch nach vorn auf die Wiederkunft des Herrn und rufen nach der Wandlung: »Herr, deinen Tod verkünden wir, und deine Auferstehung preisen wir, bis du kommst in Herrlichkeit!« Darin zeigt sich die Spannung, in der wir leben, zwischen dem schon geschehenen Tod und der Auferstehung des Herrn und seiner erwarteten und ersehnten Wiederkunft.

Die Fußwaschung

Es war vor dem Paschafest. Jesus wusste, dass seine Stunde gekommen war, um aus dieser Welt zum Vater hinüberzugehen. Da er die Seinen, die in der Welt waren, liebte, erwies er ihnen seine Liebe bis zu Vollendung. Es fand ein Mahl statt, und der Teufel hatte Judas, dem Sohn des Simon Iskariot, schon ins Herz gegeben, ihn zu verraten und auszuliefern. Jesus, der wusste, dass ihm der Vater alles in die Hand gegeben hatte und dass er von Gott gekommen war und zu Gott zurückkehrte, stand vom Mahl auf, legte sein Gewand ab und umgürtete sich mit einem Leinentuch. Dann goss er Wasser in eine Schüssel und begann, den Jüngern die Füße zu waschen und mit dem Leinentuch abzutrocknen, mit dem er umgürtet war. Als er zu Simon Petrus kam, sagte dieser zu ihm: Du, Herr, willst mir die Füße waschen? Jesus antwortete ihm: Was ich tue, verstehst du jetzt noch nicht; doch später wirst du es begreifen. Petrus entgegnete ihm: Niemals sollst du mir die Füße waschen! Jesus erwiderte ihm: Wenn ich dich nicht wasche, hast du keinen Anteil an mir. Da sagte Simon Petrus zu ihm: Herr, dann nicht nur meine Füße, sondern auch die Hände und das Haupt. Jesus sagte zu ihm: Wer vom Bad kommt, ist ganz rein und braucht sich nur noch die Füße zu waschen. Auch ihr seid rein, aber nicht alle. Er wusste nämlich, wer ihn verraten würde; darum sagte er: Ihr seid nicht alle rein. Als er ihnen die Füße gewaschen, sein Gewand wieder angelegt und Platz genommen hatte, sagte er zu ihnen: Begreift ihr, was ich an euch getan habe? Ihr sagt zu mir Meister und Herr, und ihr nennt mich mit Recht so; denn ich bin es. Wenn nun ich, der Herr und Meister, euch die Füße gewaschen habe, dann müsst auch ihr einander die Füße waschen. Ich habe euch ein Beispiel gegeben, damit auch ihr so handelt, wie ich an euch gehandelt habe. Amen, amen, ich sage euch: Der Sklave ist nicht größer als sein Herr, und der Abge-

sandte ist nicht größer als der, der ihn gesandt hat. Selig seid ihr, wenn ihr das wisst und danach handelt. (Joh 13,1–17)

Nach dem Mahl steht Jesus auf, legt sein Gewand ab, umgürtet sich mit einem Leinentuch und beginnt, den Jüngern die Füße zu waschen. Das war damals die Aufgabe der Sklaven. Jesus leistet seinen Jüngern damit Sklavendienst.

Mit dieser Handlung deutet Jesus sein ganzes Leben und Sterben: Er ist da für uns. Sein ganzes Leben ist Dienst für uns; alles, was uns die Evangelien von ihm berichten, hat er für uns getan. Darin zeigt er uns seine Liebe, die sich am nächsten Tag in der Hingabe für uns am Kreuz vollendet.

Petrus wehrt sich zunächst, den Dienst Jesu anzunehmen. Doch der Herr antwortet ihm: »Wenn ich dich nicht wasche, hast du keinen Anteil an mir« (v. 8). Indem wir den Dienst Jesu annehmen, wird uns Gemeinschaft mit ihm zuteil. Wir müssen uns von ihm waschen, d. h. reinigen lassen, denn wir selber können es nicht.

Unsere Lebensaufgabe ist es, den erlösenden Dienst Jesu, das Geschenk seiner Liebe anzunehmen und das Vorbild Jesu nachzuahmen. »Wenn nun ich, der Herr und Meister, euch die Füße gewaschen habe, dann müsst auch ihr einander die Füße waschen. Ich habe euch ein Beispiel gegeben, damit auch ihr so handelt, wie ich an euch gehandelt habe« (v. 14f.) Nicht für uns, sondern für die anderen sollen wir da sein. Dies unterstreicht Jesus dann noch mit dem neuen Gebot: »Ein neues Gebot gebe ich euch: Liebt einander! Wie ich euch geliebt habe, so sollt auch ihr einander lieben. Daran werden alle erkennen, dass ihr meine Jünger seid: wenn ihr einander liebt« (Joh 13,34f.).

Mit der Fußwaschung und dem Wort an Petrus und die Apostel zeigt Jesus auch, wie die Hirten der Kirche ihre geistliche Vollmacht ausüben sollen: durch dienende Liebe.

Das Johannesevangelium bringt im Anschluss an die Fußwaschung und den Weggang des Verräters eine Abschiedsrede Jesu von außergewöhnlicher Dichte und Tiefe. Am Ende sagen die Jünger: »Jetzt redest du offen und sprichst nicht mehr in Gleichnissen« (16,29).

Zunächst legt ihnen Jesus das neue Gebot ans Herz: »Ein neues Gebot gebe ich euch: Liebt einander! Wie ich euch geliebt habe, so sollt auch ihr einander lieben. Daran werden alle erkennen, dass ihr meine Jünger seid: wenn ihr einander liebt« (13,34). Jesus macht seine Liebe zu uns zum Vorbild und Maß unserer Liebe untereinander. Dieses Ideal ist so hoch, dass wir stets hinter ihm zurückbleiben. Und doch müssen wir danach streben, ihm nahe und immer näher zu kommen. Die Liebe untereinander ist der Erweis, dass wir zu Jesus gehören und seine Jünger sind.

Jesus spricht dann vom Vater, zu dem er uns führen will. Von Thomas nach dem Weg dorthin gefragt, antwortet er: »Ich bin der Weg und die Wahrheit und das Leben; niemand kommt zum Vater außer durch mich« (14,6). Nur durch Jesus kommen wir zum Vater und erlangen das Heil. Dies gilt für alle Menschen. Gewiss geht jeder seinen Weg. Doch all diese Wege müssen Christuswege sein, damit sie zum Ziel führen. Dafür ist Jesus Christus allen Menschen nahe. Denn er ist für alle gestorben, um alle zum Heil zu führen, auch jene, die nie etwas von ihm hören. Am Kreuz ist er für alle gestorben. Damit zeigt er, dass er mit seiner Liebe jeden Menschen umfängt.

Auf die Bitte des Philippus »Herr, zeige uns den Vater« antwortet Jesus: »Wer mich gesehen hat, hat den Vater gesehen« (14,11). Jesus ist der Offenbarer des Vaters (Joh 1,18). In ihm zeigt sich uns der Vater. Der Apostel Paulus nennt darum Jesus das Ebenbild, die Ikone des unsichtbaren Gottes (Eph 1,15). Wer Gott erkennen will, muss auf Jesus schauen. In der einzigartigen Beziehung, die Jesus als der Sohn zum Vater hat, sehen wir, wer der Vater ist. Den Grund dafür gibt Jesus in seiner Antwort an Philippus auch an: »Glaubst du nicht, dass ich im Vater bin und der Vater in mir ist?« (14,10). Vater und Sohn sind so tief miteinander verbunden, dass der eine im anderen ist. Diese geheimnisvolle Einheit von Vater und Sohn besteht von Ewigkeit her, und nun ist auch das Menschsein Jesu in sie hineingenommen. Indem wir auf Jesus schauen, erkennen wir den Vater und erhalten Einblick in das Geheimnis Gottes.

An dieser seiner Gemeinschaft mit dem Vater lässt Jesus auch uns teilhaben, jetzt noch nicht erkennbar, sondern verborgen: Aber »an jenem Tag werdet ihr erkennen: Ich bin in meinem Vater, ihr seid in mir, und ich bin in euch« (14,20). Dazu ist es notwendig, dass wir uns durch die Liebe für Gott öffnen: »Wenn jemand mich liebt, wird er an meinem Wort festhalten; mein Vater wird ihn lieben und wir werden zu ihm kommen und bei ihm wohnen« (14,23).

In dem wunderschönen Bild vom Weinstock und den Reben veranschaulicht Jesus unsere lebendige Verbundenheit mit ihm. Denn wie die Reben vom Weinstock leben, so leben wir von Jesus. Ohne ihn bleiben wir fruchtlos, mit ihm aber tragen wir reiche Frucht: »Ich bin der Weinstock, ihr seid die Reben. Wer in mir bleibt und in wem ich bleibe, der bringt reiche Frucht; denn getrennt von mir könnt ihr nichts vollbringen« (15,5). Früchte tragen wir durch die Kraft der Liebe, die wir von Jesus empfangen.

Schließlich verspricht Jesus seinen Jüngern den Heiligen Geist als Beistand und Lehrer der Wahrheit. Er wird sie lehren und in die ganze Wahrheit führen (16,13). Dadurch wird sie der Geist befähigen, für Christus Zeugnis abzulegen:

»Wenn aber der Beistand kommt, den ich euch vom Vater senden werde, der Geist der Wahrheit, der vom Vater ausgeht, dann wird er Zeugnis für mich ablegen. Und auch ihr sollt Zeugnis für mich ablegen, weil ihr von Anfang an bei mir seid« (15,26).

*

Nach dieser Rede spricht Jesus das große Abschiedsgebet (17,1–26), in dem sich uns noch einmal die innige Vertrautheit Jesu mit dem Vater darstellt.

Zunächst spricht er mit dem Vater über sein Wirken und legt Rechenschaft ab über das, was er getan hat: »Ich habe dich auf der Erde verherrlicht und das Werk zu Ende geführt, das du mir aufgetragen hast« (v. 4). Am Kreuz wird er sagen: »Es ist vollbracht« (Joh 19,30). Und er bittet den Vater, dass er nun auch ihn verherrliche: »Vater, verherrliche du mich jetzt bei dir mit der Herrlichkeit, die ich bei dir hatte, bevor die Welt war« (v. 5). Diese Bitte erfüllt der Vater an Ostern, indem er den gekreuzigten Sohn in der Auferstehung mit seiner göttlichen Herrlichkeit erfüllt.

Dann betet Jesus für seine Jünger, der Vater möge sie vor dem Bösen bewahren und in der Wahrheit heiligen. »Ich bitte nicht, dass du sie aus der Welt nimmst, sondern, dass du sie vor dem Bösen bewahrst. ... Heilige sie in der Wahrheit; dein Wort ist Wahrheit« (17,15.17). Die Wahrheit ist Jesus selbst, in dem sich uns der allein heilige Gott erschlossen hat. Durch die Gemeinschaft mit ihm sind die Jünger in der Wahrheit geheiligt.

Schließlich betet Jesus für alle, die an ihn glauben werden. Vor allem bittet er um ihre Einheit. Diese ist vorgebildet in der Einheit von Vater und Sohn. Die Jünger sollen eins sein untereinander, damit die Welt zum Glauben an Jesus findet. Ihre Einheit muss also sichtbar sein. Diese Einheit wächst hervor aus ihrer Einheit mit Jesus und dem Vater: »Alle sollen eins sein: Wie du, Vater, in mir bist und ich in dir bin, sollen auch sie in uns sein, damit die Welt glaubt, dass du mich gesandt hast« (v. 21). Darum ist die Einheit der Jüngerschaft, die Einheit der Kirche nicht durch menschliche Maßnahmen herzustellen. Sie ist eine Frucht unserer Verbindung mit Jesus in Glaube und Liebe, die Gottes Geist in uns wirkt.

Was Jesus damals den Jüngern gesagt hat, das schreibt er heute durch das Evangelium in unser Herz, damit wir durch den Glauben immer tiefer in die Gemeinschaft mit ihm und dem Vater hineinwachsen.

Das Obergemach – Der Osterabend

Am Abend dieses ersten Tages der Woche, als die Jünger aus Furcht vor den Juden die Türen verschlossen hatten, kam Jesus, trat in ihre Mitte und sprach zu ihnen: Friede sei mit euch! Nach diesen Worten zeigte er ihnen seine Hände und seine Seite. Da freuten sich die Jünger, dass sie den Herrn sahen. Jesus sagte noch einmal zu ihnen: Friede sei mit euch! Wie mich der Vater gesandt hat, so sende ich euch. Nachdem er das gesagt hatte, hauchte er sie an und sprach zu ihnen: Empfangt den Heiligen Geist! Wem ihr die Sünden vergebt, dem sind sie vergeben; wem ihr die Vergebung verweigert, dem ist sie verweigert. (Joh 20,19–23)

Am Abend des Ostertags erschien Jesus den Jüngern, die in einem Saal versammelt waren. Wir haben keine Angabe, wo die erste Begegnung des Auferstandenen mit den Seinen stattgefunden hat. Da Abendmahl und Pfingsten mit dem Obergemach auf dem Zionsberg verbunden sind, dürfen wir die Erscheinung des Auferstandenen am Osterabend auch an diesen Ort verlegen. Denn es liegt nahe, dass sich die Zwölf dort versammeln, wo sie drei Tage zuvor mit Jesu zusammen waren. Sie hatten ja sonst keine Bleibe in Jerusalem.

Bei verschlossenen Türen tritt Jesus in die Mitte der Jünger. Die verschlossene Tür kann ihm den Zutritt nicht verwehren, da sein Leben nun von ganz neuer Art ist. Mit einer schöpferischen Tat hat der Vater den gekreuzigten Sohn mit seinem lebendigmachenden Geist so erfüllt, dass Jesus auch in seiner Leiblichkeit nicht mehr an Raum und Zeit gebunden ist. Jesu Leib ist ganz von Gottes Geist bestimmt.

Doch der Leib des Auferstandenen ist und bleibt der Leib des Gekreuzigten. Dies zeigte er mit seinen Wundmalen an den Händen und an der Seite. Die Wunden sind nicht mehr Zeichen des Leidens, sondern Zeichen seines Triumphes. Dass der Gekreuzigte von den Toten auferstanden ist, ist die Mitte unseres Glaubens. Das ist der Grund, auf dem wir stehen (1 Kor 15,1). Der Apostel Paulus schreibt: »Wenn Christus nicht auferweckt worden ist, dann ist euer Glaube nutzlos« (1 Kor 15,17). Die Begegnung des Auferstandenen mit den Jüngern ist von entscheidender Bedeutung für unseren Osterglauben und die Zukunft der Kirche.

Jesus begrüßt sie: »Friede (sei) mit euch!« (v. 19). Inmitten der Begegnung sagt der Auferstandene noch einmal: »Friede (sei) mit euch!« (v. 21). Dieses zweite Wort kann ja wohl keine Begrüßung sein; die hat ihren Platz am Beginn.

Mit Friede ist hier mehr gemeint als das Fehlen streitbarer Auseinandersetzungen. Das Wort Friede, hebräisch *shalom,* steht hier für Heil, den Inbegriff der uns von Gott geschenkten Erlösung. Dieses Heil ist der auferstandene Herr in Person. In diesem Sinn sagt Paulus: »Er (Christus) ist unser Friede« (Eph 2,14). Er selbst ist das Ostergeschenk an die Jünger. So schenkt der auferstandene Herr ihnen die Leben spendende Gemeinschaft mit sich und darin mit Gott und dadurch das endzeitliche Heil. In ihm ist das verwirklicht, in ihm ist die Fülle des Lebens, an der wir teilhaben dürfen (Joh 10,10).

Das Heil, das Jesus Christus ist, muss nun zu den Menschen getragen werden. Denn Jesus ist für alle gestorben und für alle auferstanden. Dazu war er vom Vater in die Welt gesandt worden. Darum sendet Jesus die Jünger in die Welt, um ihn, das Heil, allen Menschen zu bringen. Dazu gibt er ihnen Anteil an seiner Sendung: »Wie mich der Vater gesandt hat, so sende ich euch« (v. 21). Diese Sendung Jesu geht in der Kirche weiter in den Nachfolgern der Apostel.

In der Auferstehung Jesu wird der Sieg offenbar, den er am Kreuz errungen hat. Im Tod zeigt die Sünde ihre Leben zerstörende Macht. In der Überwindung des Todes durch die Auferstehung ist die Sünde besiegt. Wir sündigen zwar noch; doch durch den Auferstandenen werden auch unsere Sünden getilgt. Darum gibt der Auferstandene den Jüngern die Vollmacht, in seinem Namen Sünden zu vergeben: »Empfangt den Heiligen Geist! Wem ihr die Sünden vergebt, dem sind sie vergeben; wem ihr die Vergebung verweigert, dem ist sie verweigert« (v. 22f.). Im Dienst der Apostel und der Kirche kommt die Heilskraft der Erlösungstat Jesu zur Auswirkung.

Nach dem Johannesevangelium beginnt am Osterabend mit der Sendung des Heiligen Geistes bereits Pfingsten. Der Auferstandene haucht den Jüngern seinen Geist ein. So hat Gott auch bei der Schöpfung in Adam seinen Geist hineingeblasen und ihm den Lebensodem geschenkt (Gen 2,7). An Ostern hat Jesus den Aposteln seinen göttlichen Geist eingehaucht. Damit beginnt die neue Schöpfung, die am Ende der Geschichte vollendet wird in dem neuen Himmel und der neuen Erde, wo wir als auferstandene, neue Menschen mit Christus beim Vater leben dürfen.

*

Thomas, genannt Didymus (Zwilling), einer der Zwölf, war nicht bei ihnen, als Jesus kam. Die anderen Jünger sagten zu ihm: Wir haben den Herrn gesehen. Er entgegnete ihnen: Wenn ich nicht die Male der Nägel an seinen Händen sehe und wenn ich meinen Finger nicht in die Male der Nägel und meine Hand nicht in seine Seite lege, glaube ich nicht. Acht Tage darauf waren seine Jünger wieder versammelt, und Tho-

mas war dabei. Die Türen waren verschlossen. Da kam Jesus, trat in ihre Mitte und sagte: Friede sei mit euch! Dann sagte er zu Thomas: Streck deinen Finger aus – hier sind meine Hände! Streck deine Hand aus und leg sie in meine Seite, und sei nicht ungläubig, sondern gläubig! Thomas antwortete ihm: Mein Herr und mein Gott! Jesus sagte zu ihm: Weil du mich gesehen hast, glaubst du. Selig sind, die nicht sehen und doch glauben. (Joh 20,24–29)

Thomas war am Osterabend nicht dabei. Als die Jünger ihm von der Begegnung mit dem Auferstandenen erzählen, glaubt er nicht. Er will selbst den Leib des Herrn berühren. Damit stellt er eine Bedingung für den Glauben. Acht Tage später gewährt ihm Jesus dies. Als Thomas den Herrn sieht, bekennt er seinen Glauben mit dem großartigen Bekenntnis: »Mein Herr und mein Gott.« Durch die Begegnung mit Jesus ist Thomas zum Glauben gekommen. Als er sieht, dass der Gekreuzigte wahrhaft von den Toten erstanden ist, bekennt er seinen Glauben an die Gottheit Jesu. Jesus sagt zu ihm: »Weil du mich gesehen hast, glaubst du.« Dann fährt Jesus fort: »Selig sind, die nicht sehen und doch glauben.«

Für den Glauben gibt es keine Beweise im strengen Sinn. Sonst wäre der Glaube nicht frei. Der Bericht über Thomas zeigt: Es gibt zwei Wege zum Glauben: die unmittelbare Begegnung mit dem Auferstandenen in den Erscheinungen, wie dies den Aposteln zuteilwurde, und das glaubwürdige Zeugnis derer, die ihn gesehen haben. Damit öffnet sich das Ostergeheimnis in die nachösterliche Zeit bis in unsere Gegenwart. Wir haben den Auferstandenen nicht gesehen, aber wir glauben dem glaubwürdigen Zeugnis der Apostel, die ihn gesehen haben. Durch den Glauben empfangen auch wir den auferstandenen Herrn als Ostergeschenk Gottes.

Das Obergemach – Pfingsten

Als der Pfingsttag gekommen war, befanden sich alle am gleichen Ort. Da kam plötzlich vom Himmel her ein Brausen, wie wenn ein heftiger Sturm daherfährt, und erfüllte das ganze Haus, in dem sie waren. Und es erschienen ihnen Zungen wie von Feuer, die sich verteilten; auf jeden von ihnen ließ sich eine nieder. Alle wurden mit dem Heiligen Geist erfüllt und begannen, in fremden Sprachen zu reden, wie es der Geist ihnen eingab. In Jerusalem aber wohnten Juden, fromme Männer aus allen Völkern unter dem Himmel. Als sich das Getöse erhob, strömte die Menge zusammen und war ganz bestürzt; denn jeder hörte sie in seiner Sprache reden. Sie gerieten außer sich vor Staunen und sagten: Sind das nicht alles Galiläer, die hier reden? Wieso kann sie jeder von uns in seiner Muttersprache hören: Parther, Meder und Elamiter, Bewohner von Mesopotamien, Judäa und Kappadozien, von Pontus und der Provinz Asien, von Phrygien und Pamphylien, von Ägypten und dem Gebiet Libyens nach Zyrene hin, auch die Römer, die sich hier aufhalten, Juden und Proselyten, Kreter und Araber, wir hören sie in unseren Sprachen Gottes große Taten verkünden. Alle gerieten außer sich und waren ratlos. (Apg 2,1–12a)

Nach der Himmelfahrt des Herrn kehrten die Apostel vom Ölberg nach Jerusalem zurück und gingen in das Obergemach, »wo sie nun ständig blieben« (Apg 1,2). Das Obergemach, in dem sie mit Jesus das Letzte Abendmahl gefeiert haben und wo ihnen der Auferstandene erschien, wird nun ihre Bleibe.

Betend warten sie – Maria, die Mutter Jesu in ihrer Mitte – auf den ihnen verheißenen Heiligen Geist. In dem Zeichen von Sturm und Feuerzungen kommt er vom Himmel herab und lässt sich auf ihnen nieder. »Alle wurden vom Heiligen Geist erfüllt und begannen, in fremden Sprachen zu reden, wie der Geist es ihnen eingab« (v. 4). Damit wurde Jesu Verheißung erfüllt.

Die Herabkunft des Heiligen Geistes geschah mit Sturm und Feuer, den typischen Begleitzeichen einer Theophanie, einer Erscheinung Gottes in sichtbaren Zeichen, wobei er selbst unsichtbar bleibt. So übergibt Gott am Sinai dem Mose unter Blitz und Donner das Gesetz (Ex 19,16–18); ähnlich bei Elija am Horeb (1 Kön 19,11). Gott sendet seinen Geist herab, um die Zeugen des Evangeliums mit der Kraft auszurüsten, ohne die sie ihre Sendung nicht erfüllen können (vgl. Apg 1,8). Die Feuerzungen weisen hin auf die vom Geist Gottes getragene Verkündigung des Evangeliums, die nun anhebt.

Erfüllt vom Heiligen Geist beginnen die Apostel, die Großtaten Gottes zu verkünden, allen voran Petrus. Die Wirkung des Gottesgeistes zeigt sich daran, dass alle die Apostel in ihrer Muttersprache hören und viele zum Glauben finden und sich taufen lassen. Die Vielzahl der Völkerschaften, die nach der Aufzählung der Apostelgeschichte zusammengeströmt waren, verweist auf die Universalität der Botschaft, die zu allen Menschen getragen werden soll.

Damit beginnt eine neue Epoche in der Heilsgeschichte: die Zeit der Kirche. Was an Pfingsten in Jerusalem geschah, war nur der Anfang. Pfingsten geht weiter in der Kirche, die sich nun ausgehend von den Juden in die Heidenwelt hinein ausbreitet.

Das zeigt uns die Taufe des ersten Heiden durch Petrus (Apg 10,23–48). Von Gottes Geist geführt, begibt sich Petrus nach Cäsarea in das Haus des heidnischen Hauptmanns Cornelius und verkündet ihm und seiner Hausgemeinschaft die Botschaft von Jesus Christus. Während Petrus spricht, kommt der Heilige Geist auf alle herab, die das Wort Gottes hören. Die gläubig gewordenen Juden in der Begleitung des Petrus können es nicht fassen, dass auch auf die Heiden die Gabe des Heiligen Geistes ausgegossen wurde wie auf sie an Pfingsten in Jerusalem. Petrus sagte: »Kann jemand denen das Wasser der Taufe versagen, die ebenso wie wir den Heiligen Geist empfangen haben?« (Apg 10,47). So werden die ersten Heiden getauft. So geht Pfingsten weiter.

In der Kraft des Heiligen Geistes beginnt die Kirche zu wachsen, und sie wächst bis an die Grenzen der Erde und bis zum Ende der Welt.

St. Peter in Gallicantu

Nach der Verhaftung führte man Jesus zum Hohenpriester Kajaphas, bei dem sich die Schriftgelehrten und die Ältesten versammelt hatten. Petrus folgte Jesus von weitem bis zum Hof des hohepriesterlichen Palastes; er ging in den Hof hinein und setzte sich zu den Dienern, um zu sehen, wie alles ausgehen würde. Die Hohenpriester und der ganze Hohe Rat bemühten sich um falsche Zeugenaussagen gegen Jesus, um ihn zum Tode verurteilen zu können. Sie erreichten aber nichts, obwohl viele falsche Zeugen auftraten. Zuletzt kamen zwei Männer und behaupteten: Er hat gesagt: Ich kann den Tempel Gottes niederreißen und in drei Tagen wieder aufbauen. Da stand der Hohepriester auf und fragte Jesus: Willst du nichts sagen zu dem, was diese Leute gegen dich vorbringen? Jesus aber schwieg. Darauf sagte der Hohepriester zu ihm: Ich beschwöre dich bei dem lebendigen Gott, sag uns: Bist du der Messias, der Sohn Gottes? Jesus antwortete: Du hast es gesagt. Doch ich erkläre euch: Von nun an werdet ihr den Menschensohn zur Rechten der Macht sitzen und auf den Wolken des Himmels kommen sehen. Da zerriss der Hohepriester sein Gewand und rief: Er hat Gott gelästert! Wozu brauchen wir noch Zeugen? Jetzt habt ihr die Gotteslästerung selbst gehört. Was ist eure Meinung? Sie antworteten: Er ist schuldig und muss sterben. Dann spuckten sie ihm ins Gesicht und schlugen ihn. Andere ohrfeigten ihn und riefen: Messias, du bist doch ein Prophet! Sag uns: Wer hat dich geschlagen? Petrus aber saß draußen im Hof. Da trat eine Magd zu ihm und sagte: Auch du warst mit diesem Jesus aus Galiäa zusammen. Doch er leugnete es vor allen

Leuten und sagte: Ich weiß nicht, wovon du redest. Und als er zum Tor hinausgehen wollte, sah ihn eine andere Magd und sagte zu denen, die dort standen: Der war mit Jesus aus Nazaret zusammen. Wieder leugnete er und schwor: Ich kenne den Menschen nicht. Kurz darauf kamen die Leute, die dort standen, zu Petrus und sagten: Wirklich, auch du gehörst zu ihnen, deine Mundart verrät dich. Da fing er an, sich zu verfluchen und schwor: Ich kenne den Menschen nicht. Gleich darauf krähte ein Hahn, und Petrus erinnerte sich an das, was Jesus gesagt hatte: Ehe der Hahn kräht, wirst du mich dreimal verleugnen. Und er ging hinaus und weinte bitterlich. (Mt 26,57–75)

Nach der Gefangennahme in Getsemani wird Jesus vor den Hohenpriester Kajaphas geführt, bei dem sich die Schriftgelehrten und Ältesten versammelt hatten. Nach ältester Jerusalemer Lokaltradition lag dessen Haus am Ostabhang des Zionsberges, etwa dort, wo sich heute die Kirche *St. Peter in Gallicantu* (»St. Peter beim Hahnenschrei«) erhebt.

Mit falschen Zeugenaussagen versucht man, einen Grund zu finden, um Jesus zum Tod zu verurteilen. Doch das misslingt. Darum wird der Hohepriester aktiv und fragt Jesus, ob er der Sohn Gottes sei. Jesus bekennt sich zu seiner Gottessohnschaft und fügt hinzu, dass er der Menschensohn ist, der zur Rechten Gottes sitzt und auf den Wolken des Himmels kommen wird, wie es der Prophet Daniel vorausgesagt hat (Dan 7,13). Daraufhin wird Jesus wegen Gotteslästerung zum Tod verurteilt. Gebunden steht Jesus da und muss hinnehmen, wie die obersten Instanzen seines Volkes, dem er die von Gott verheißene Erlösung bringen wollte, ihn als Gotteslästerer und damit auch sein Lebenswerk als Gotteslästerung verurteilen. Statt aufgenommen zu werden, wird er in den Tod gestoßen.

Auch hier ist uns Jesus Vorbild. Der heilige Johannes

Chrysostomus sagt in seinem Kommentar zu dieser Stelle: »Wir sollen daher nicht immer nach dem Sieg trachten und nicht jeder Niederlage ausweichen.« Wenn auch am Ende der Sieg steht: Die Geschichte Jesu ist eine Geschichte des Leidens.

Während Jesus im Haus vor dem Richter steht, hält sich Petrus im Hof auf, um zu sehen, wie alles ausgehen werde. Dreimal wird er gefragt, ob er nicht zu den Jüngern Jesu gehört. Dreimal verneint er dies und verleugnet seinen Meister: »Ich kenne diesen Menschen nicht.«

Größer könnte der Gegensatz zwischen Jesus drinnen und Petrus draußen nicht sein. Jesus bekennt vor dem Hohenpriester, der Messias, der Sohn des lebendigen Gottes zu sein, und Petrus, der bei Cäsarea Philippi einmal dieses Bekenntnis zu Jesus, dem Sohn des lebendigen Gottes, abgelegt hatte, verleugnet jetzt vor einer Magd und vor Soldaten seinen Herrn.

Als Petrus den Hahn krähen hört, erinnert er sich an das Wort Jesu: »Ehe der Hahn kräht, wirst du mich dreimal verleugnen.« Da geht ihm auf, was er getan hat, er eilt hinaus und weint bitterlich. In früheren Zeiten zeigte man den Pilgern eine nahe Höhle, in der sich Petrus verborgen habe, um sich auszuweinen.

Hier sehen wir den, der einmal das Felsfundament der Kirche werden soll, in seiner tiefsten Schwäche. Da wird sichtbar: Petrus kann nicht aus eigener Kraft der Fels sein, die Kraft hat er allein vom Herrn.

Nach dem Verrat wagt er es nicht mehr, Jesus unter die Augen zu treten. Er hat nicht mehr die Kraft, zurückzukommen und sich unter das Kreuz zu stellen. Jesus ist es, der am Ostertag auf ihn zugeht und ihn wieder aufnimmt.

Neben der Kirche finden sich Stufen einer Treppe, die vom Zionsberg hinabführt. Dieser Weg bestand schon zur

Zeit Jesu. Mit größter Wahrscheinlichkeit ist Jesus am Gründonnerstag nach dem Abendmahl mit seinen Jüngern auf diesem Weg ins Kidrontal hinabgestiegen, um im Ölgarten zu beten (Lk 22,39; Joh 18,1). Und nach der Gefangennahme wird er ebenfalls auf diesem Stufenweg vor den Hohenpriester Kajaphas geführt worden sein.

S. Maria Alemannorum – Hasmonäerpalast – Prätorium

Nachdem Jesus vom Hohenpriester und dem Hohen Rat zum Tod verurteilt war, führten sie ihn zu Pilatus. Denn die Juden hatten nicht das Recht, ein Todesurteil zu vollstrecken. Die Stätte, an der Jesus vor Pilatus stand, finden wir dort, wo heute die Ruinen einer alten Kreuzfahrerkirche zu sehen sind, *Santa Maria Alemannorum*. Die Kirche und das sich anschließende Hospiz war vom Deutschherrenorden errichtet worden, um sich der deutschsprachigen Pilger anzunehmen. Der offizielle Titel dieses Ordens lautet »Brüder vom Deutschen Haus Sankt Mariens in Jerusalem«.

Diese Kirche wurde in der Kreuzfahrerzeit an einer Stelle erbaut, wo bereits im 5. Jahrhundert eine der »heiligen Weisheit« geweihte Kirche stand, die auch Pilatuskirche genannt wurde. Ein Pilger aus Bordeaux berichtet im 4. Jahrhundert, dass damals an dieser Stelle Mauern gezeigt wurden, wo das Prätorium des Pilatus gestanden habe. Dort befand sich ein Palast, in dem auch schon hasmonäische Könige Gericht gehalten haben. Dieser Ort liegt auf dem Anstieg gegenüber der Südwestecke der Tempelmauer.

Hier also stand Jesus vor Pilatus, dem Vertreter des römischen Kaisers und Repräsentanten der Weltmacht.

Von Kajaphas brachten sie Jesus zum Prätorium, es war früh am Morgen. Sie selbst gingen nicht in das Gebäude hinein, um nicht unrein zu werden, sondern das Paschalamm essen zu können. Deshalb kam Pilatus zu ihnen heraus und fragte: Welche

Anklage erhebt ihr gegen diesen Menschen? Sie antworteten ihm: Wenn er kein Übeltäter wäre, hätten wir ihn dir nicht ausgeliefert. Pilatus sagte zu ihnen: Nehmt ihr ihn doch, und richtet ihn nach eurem Gesetz! Die Juden antworteten ihm: Uns ist es nicht gestattet, jemand hinzurichten. So sollte sich das Wort Jesu erfüllen, mit dem er angedeutet hatte, auf welche Weise er sterben werde. Pilatus ging wieder in das Prätorium hinein, ließ Jesus rufen und fragte ihn: Bist du der König der Juden? Jesus antwortete: Sagst du das von dir aus, oder haben es dir andere über mich gesagt? Pilatus entgegnete: Bin ich denn ein Jude? Dein eigenes Volk und die Hohenpriester haben dich an mich ausgeliefert. Was hast du getan? Jesus antwortete: Mein Königtum ist nicht von dieser Welt. Wenn es von dieser Welt wäre, würden meine Leute kämpfen, damit ich den Juden nicht ausgeliefert würde. Aber mein Königtum ist nicht von hier. Pilatus sagte zu ihm: Also bist du doch ein König? Jesus antwortete: Du sagst es, ich bin ein König. Ich bin dazu geboren und dazu in die Welt gekommen, dass ich für die Wahrheit Zeugnis ablege. Jeder, der aus der Wahrheit ist, hört auf meine Stimme. Pilatus sagte zu ihm: Was ist Wahrheit? Nachdem er das gesagt hatte, ging er wieder zu den Juden hinaus und sagte zu ihnen: Ich finde keinen Grund, ihn zu verurteilen. Ihr seid gewohnt, dass ich euch am Paschafest einen Gefangenen freilasse. Wollt ihr also, dass ich euch den König der Juden freilasse? Da schrien sie wieder: Nicht diesen, sondern Barabbas! Barabbas aber war ein Straßenräuber. Darauf ließ Pilatus Jesus geißeln. Die Soldaten flochten einen Kranz aus Dornen; den setzten sie ihm auf und legten ihm einen purpurroten Mantel um. Sie stellten sich vor ihn hin und sagten: Heil dir, König der Juden! Und sie schlugen ihm ins Gesicht. Pilatus ging wieder hinaus und sagte zu ihnen: Seht, ich bringe ihn zu euch heraus; ihr sollt wissen, dass ich keinen Grund finde, ihn zu verurteilen. Jesus kam heraus; er trug die Dornenkrone und den purpurroten Mantel. Pilatus sagte zu ihnen: Seht, da ist der Mensch! Als die Hohenpriester und ihre Diener ihn sahen, schrien sie: Ans Kreuz mit ihm, ans Kreuz mit ihm! Pilatus sagte zu ihnen: Nehmt ihr ihn, und kreuzigt ihn! Denn ich finde keinen Grund, ihn zu verurteilen. Die Juden entgegneten ihm: Wir haben ein Gesetz, und nach diesem Gesetz muss er sterben, weil er sich als Sohn Gottes ausgegeben hat. Als Pilatus das hörte, wurde er noch ängstlicher. Er ging wieder in das Prätorium hinein und fragte Jesus: Woher stammst du? Jesus aber gab ihm keine Antwort. Da sagte Pilatus zu ihm: Du sprichst nicht mit mir? Weißt du nicht, dass ich Macht habe, dich freizulassen, und Macht, dich zu kreuzigen? Jesus antwortete: Du hättest keine Macht über mich, wenn es dir nicht von oben gegeben wäre; darum liegt größere Schuld bei dem, der mich dir ausgeliefert hat. Daraufhin wollte Pilatus ihn freilassen, aber die Juden schrien: Wenn du ihn freilässt, bist du kein Freund des Kaisers; jeder, der sich als König ausgibt, lehnt sich gegen den Kaiser auf. Auf diese Worte hin ließ Pilatus Jesus herausführen, und er setzte sich auf den Richterstuhl an dem Platz, der Lithostrotos, auf Hebräisch Gabbata, heißt. Es war am Rüsttag des Paschafestes, ungefähr um die sechste Stunde. Pilatus sagte zu den Juden: Da ist euer König! Sie aber schrien: Weg mit ihm, kreuzige ihn! Pilatus aber sagte zu ihnen: Euren König soll ich kreuzigen? Die Hohenpriester antworteten: Wir haben keinen König außer dem Kaiser. Da lieferte er ihnen Jesus aus, damit er gekreuzigt würde. (Joh 18,28–19,16)

Vor dem römischen Statthalter konnten die jüdischen Autoritäten nicht mit einem Vergehen gegen den Glauben auftreten: Jesus habe beansprucht, der Messias und Sohn Gottes zu sein. Vor Pilatus brachten sie deshalb ein politisches Argument vor: Jesus habe sich zum König gemacht.

Darum fragt Pilatus Jesus, ob er ein König sei. Jesus antwortet: »Ja, ich bin ein König.« Und er erklärt ihm auch, was es um sein Königtum ist.

Zunächst sagt er, was es nicht ist: »Mein Königtum ist nicht von dieser Welt«, d. h. sein Königtum ist nicht von der Art, wie Staaten, Heere, Wirtschaft, Medien oder Ideologien Macht ausüben. Seine Königsmacht ist völlig anderer Art. Dies zeigt Jesus auch positiv auf: Seine Königsherrschaft beruht auf seinem Zeugnis für die Wahrheit. »Ich bin ein König. Ich bin dazu geboren und in die Welt gekommen, dass ich für die Wahrheit Zeugnis ablege.«

»Was ist Wahrheit?«, fragt darauf Pilatus. Die Frage ist berechtigt. Auch wir fragen so und lassen uns von der Heiligen Schrift die Antwort geben. Unter der Wahrheit ist dort Gottes Treue zu seinen Verheißungen zu verstehen. Diese Treue ist Ausfluss der unbegreiflichen Liebe Gottes zu seinem Volk und zu allen Menschen. Diese Treue Gottes hat in Jesus Christus ihre Erfüllung gefunden. In ihm ist die Liebe Gottes Mensch geworden, greifbar und sichtbar. In Christus hat Gott all seine Verheißungen erfüllt. Darum sagt Jesus von sich: »Ich bin die Wahrheit« (Joh 14,6).

Dafür legt Jesus Zeugnis ab. Darauf beruht seine Königsherrschaft. Und weil er selbst die Erfüllung aller Verheißungen Gottes ist, Gottes Treue, Gottes Wahrheit in Person, darum ist er der König; nicht nur *ein* König, sondern *der* König.

Das versteht Pilatus nicht. Mit einem solchen Königtum kann er nichts anfangen. »Was ist Wahrheit?«, sagt er. Das ist in seinem Mund nicht einmal eine Frage, sondern Ausdruck seiner Verständnislosigkeit. Der mächtige Pilatus, Repräsentant des Kaisers, steht hilflos und ratlos vor dem gefesselten Jesus, dem wahren König. Er weiß nicht, was er mit diesem Gefangenen tun soll.

Hilflos wie er ist, gibt Pilatus das Urteil aus der Hand und befragt das Volk, ob er ihnen Jesus freilassen solle, denn es war üblich, ihnen am Osterfest einen Gefangenen freizugeben. Das Volk verlangt nicht Jesus, sondern Barabbas, einen Räuber.

Pilatus unternimmt einen letzten Versuch, Jesus freizulassen. Er lässt ihn geißeln und führt einen geschundenen Heiland dem Volk vor: »Seht, der Mensch!« Dieser gegeißelte, blutüberströmte, mit Dornen gekrönte Mensch, auf den Pilatus hinweist, ist der Sohn Gottes; der Sündelose, der als das Lamm Gottes die Sünde der Welt auf sich geladen hat, um sie aus der Welt zu schaffen. Er zeigt uns, was die Sünde an uns anrichtet, wenn sie Macht über uns gewinnt, wie sie das Bild Gottes im Menschen entstellt. Das versammelte Volk soll beim Anblick des gegeißelten Jesus Erbarmen haben und von seiner Forderung nach seiner Kreuzigung ablassen. Doch Pilatus scheitert auch mit diesem Versuch, Jesus freizulassen. Die ihn sehen, kennen kein Erbarmen mit dem blutüberströmten Jesus und fordern seinen Tod.

Pilatus fällt um und verurteilt Jesus. Um seine Unschuld an diesem Urteil zu dokumentieren, wäscht er seine Hände mit Wasser. Doch das Blut, das an seinen Händen klebt, kann er mit dem Wasser nicht abwaschen.

Von hier aus beginnt Jesus, mit Dornen gekrönt, mit dem Kreuz beladen, den etwa 400 Meter langen Weg nach Golgota. Mit dem Kreuz trägt Jesus die Sünde der Welt auf den Kalvarienberg hinauf, um sie zu vernichten und in uns das entstellte Bild Gottes zu erneuern und ihm die von Gott zugedachte Schönheit und Würde wiederzugeben.

»Die eigentliche Kraft dieses Weges Jesu ist die der Liebe Gottes, die die Welt in aller ihrer Bosheit samt deren Wirkungen zu überwinden und den Menschen aus der Verhaftung der Sünde wirklich zu befreien mächtig ist.« (Ulrich Wilckens)

Am Kreuz erhöht, zeigt er der Welt sein wahres Königtum: Er ist der König am Kreuz, der aus Liebe für die Seinen sein Leben hingibt.

Anastasis – Die Grabeskirche

Diese Kirche umschließt die heiligsten Orte der Christenheit: Golgota, wo Christus am Kreuz gestorben, und das Grab, aus dem er glorreich von den Toten erstanden ist. Tod und Auferstehung Jesu Christi gehören zusammen; sie bilden miteinander das große und entscheidende Heilsereignis: die Auferstehung des Gekreuzigten. Der Gekreuzigte ist der Auferstandene. Das ist die Mitte unseres Glaubens. Indem das Kirchengebäude beide Stätten umschließt, bringt es auch die Zusammengehörigkeit von Kreuz und Auferstehung zum Ausdruck.

Golgota

Dann führten sie Jesus hinaus, um ihn zu kreuzigen. Auf dem Weg trafen sie einen Mann aus Zyrene namens Simon; ihn zwangen sie, Jesus das Kreuz zu tragen. So kamen sie an den Ort, der Golgota genannt wird, das heißt Schädelhöhe. Und sie gaben ihm Wein zu trinken, der mit Galle vermischt war; als er aber davon gekostet hatte, wollte er ihn nicht trinken. Nachdem sie ihn gekreuzigt hatten, warfen sie das Los und verteilten seine Kleider unter sich. Dann setzten sie sich nieder und bewachten ihn. Über seinem Kopf hatten sie eine Aufschrift angebracht, die seine Schuld angab: Das ist Jesus, der König der Juden. Zusammen mit ihm wurden zwei Räuber gekreuzigt, der eine rechts von ihm, der andere links. Die Leute, die vorbeikamen, verhöhnten ihn, schüttelten den Kopf und riefen: Du willst den Tempel niederreißen und in drei Tagen wieder aufbauen? Wenn du Gottes Sohn bist, hilf dir selbst und steig herab vom Kreuz! Auch die Hohenpriester und Ältesten verhöhnten ihn und sagten: Anderen hat er geholfen, sich selbst kann er nicht helfen. Er ist doch der König von Israel! Er soll vom Kreuz herabsteigen, dann werden wir an ihn glauben. Er hat auf Gott vertraut: Der soll ihn jetzt retten, wenn er an ihm Gefallen hat; er hat doch gesagt: Ich bin Gottes Sohn. Ebenso beschimpften ihn die beiden Räuber, die man zusammen mit ihm gekreuzigt hatte. Von der sechsten bis zur neunten Stunde herrschte eine Finsternis im ganzen Land. Um die neunte Stunde rief Jesus laut: Eli, Eli, lema sabachtani?, das heißt: Mein Gott, mein Gott, warum hast du mich verlassen? Einige von denen, die dabeistanden und es hörten, sagten: Er ruft nach Elija. Sogleich lief einer von ihnen hin, tauchte einen Schwamm in Essig, steckte ihn auf einen Stock und gab Jesus zu trinken. Die anderen aber sagten: Lass doch, wir wollen sehen, ob Elija kommt und ihm hilft. Jesus aber schrie noch einmal laut auf. Dann hauchte er den Geist aus. Da riss der Vorhang im Tempel von oben bis unten entzwei. Die Erde bebte, und die Felsen spalteten sich. Die Gräber öffneten sich, und die Leiber vieler Heiligen, die entschlafen waren, wurden auferweckt. Nach der Auferstehung Jesu verließen sie ihre Gräber, kamen in die Heilige Stadt und erschienen vielen. Als der Hauptmann und die Männer, die mit ihm zusammen Jesus bewachten, das Erdbeben bemerkten und sahen, was geschah, erschraken sie sehr und sagten: Wahrhaftig, das war Gottes Sohn! Auch viele Frauen waren dort und sahen von weitem zu; sie waren Jesus seit der Zeit in Galiläa nachgefolgt und hatten ihm gedient. Zu ihnen gehörten Maria aus Magdala, Maria, die Mutter des Jakobus und des Josef, und die Mutter der Söhne des Zebedäus. (Mt 27,31–56)

Da lieferte er ihnen Jesus aus, damit er gekreuzigt würde. Sie übernahmen Jesus. Er trug sein Kreuz und ging hinaus zur sogenannten Schädelhöhe, die auf Hebräisch Golgota heißt. Dort kreuzigten sie ihn und mit ihm zwei andere, auf jeder Seite einen, in der Mitte Jesus. Pilatus ließ auch ein Schild anfertigen und oben am Kreuz befestigen; die Inschrift lautete: Jesus von Nazaret, der König der Juden. Dieses Schild lasen viele Juden, weil der Platz, wo Jesus gekreuzigt wurde, nahe bei der Stadt lag. Die Inschrift war hebräisch, lateinisch und griechisch abgefasst. Die Hohenpriester der Juden sagten zu Pilatus: Schreib nicht: Der König der Juden, sondern, dass er gesagt hat: Ich bin der König der Juden. Pilatus antwortete: Was ich geschrieben habe, habe ich geschrieben. Nachdem die Soldaten Jesus ans Kreuz geschlagen hatten, nahmen sie seine Kleider und machten vier Teile daraus, für jeden Soldaten einen. Sie nahmen auch sein Untergewand, das von oben her ganz durchgewebt und ohne Naht war. Sie sagten zueinander: Wir wollen es nicht zerteilen, sondern darum losen, wem es gehören soll. So sollte sich das Schriftwort erfüllen: Sie verteilten meine Kleider unter sich und warfen das Los um mein Gewand. Dies führten die Soldaten aus. Bei dem Kreuz Jesu standen seine Mutter und die Schwester seiner Mutter, Maria, die Frau des Klopas, und Maria von Magdala. Als Jesus seine Mutter sah und bei ihr den Jünger, den er liebte, sagte er zu seiner Mutter: Frau, siehe, dein Sohn! Dann sagte er zu dem Jünger: Siehe, deine Mutter! Und von jener Stunde an nahm sie der Jünger zu sich. Danach, als Jesus wusste, dass nun alles vollbracht war, sagte er, damit sich die Schrift erfüllte: Mich dürstet. Ein Gefäß mit Essig stand da. Sie steckten einen Schwamm mit Essig auf einen Ysopzweig und hielten ihn an seinen Mund. Als Jesus von dem Essig genommen hatte, sprach er: Es ist vollbracht! Und er neigte das Haupt und gab seinen Geist auf. Weil Rüsttag war und die Körper während des Sabbats nicht am Kreuz bleiben sollten, baten die Juden Pilatus, man möge den Gekreuzigten die Beine zerschlagen und ihre Leichen dann abnehmen; denn dieser Sabbat war ein großer Feiertag. Also kamen die Soldaten und zerschlugen dem ersten die Beine, dann dem andern, der mit ihm gekreuzigt worden war. Als sie aber zu Jesus kamen und sahen, dass er schon tot war, zerschlugen sie ihm die Beine nicht, sondern einer der Soldaten stieß mit der Lanze in seine Seite, und sogleich floss Blut und Wasser heraus. Und der, der es gesehen hat, hat es bezeugt, und sein Zeugnis ist wahr. Und er weiß, dass er Wahres berichtet, damit auch ihr glaubt. Denn das ist geschehen, damit sich das Schriftwort erfüllte: Man soll an ihm kein Gebein zerbrechen. Und ein anderes Schriftwort sagt: Sie werden auf den blicken, den sie durchbohrt haben. (Joh 19,16–37)

Dort hängt Jesus am Kreuz und ruft: »Mein Gott, mein Gott, warum hast du mich verlassen?« (Mt 27,46). Die Macht der Sünde zieht ihn in die Gottverlassenheit. Der Sohn Gottes erleidet äußerste Gottesferne. So wirkt sich die Sünde der Welt aus, die er als Lamm Gottes auf sich genommen hat. »Jesus trägt den Notschrei der Welt vor das Herz Gottes selber hin« (Benedikt XVI.). Doch das Band, das ihn auch in dieser Verlassenheit an den Vater bindet, ist unzerreißbar. Sich für die Menschen opfernd, gibt er sich in die Hände des Vaters: »Vater, in deine Hände lege ich meinen Geist« (Lk 23,46). »Er stieg nicht vom Kreuz herab, weil er es nicht wollte, und nicht, weil er es nicht konnte« (Johannes Chrysostomus).

Der Evangelist Lukas berichtet, dass Jesus in seinen Qualen noch liebevoll an die denkt, die ihn ans Kreuz geschlagen haben. Er betet: »Vater, vergib ihnen, denn sie wissen nicht, was sie tun« (Lk 23,34). Während er die Sünde in ihrer ganzen Wucht auf sich prallen lässt, wendet er sich verzeihend den Sündern zu.

Wenige hundert Meter entfernt werden im Tempel die jüdischen Osterlämmer geschlachtet. Zur gleichen Zeit wird auf Golgota unser Osterlamm Jesus Christus geopfert (1 Kor 5,7).

Grabeskirche, Golgotakapelle: Unter dem Altar befindet sich eine Felsvertiefung, in der der Überlieferung nach das Kreuz Jesu stand.

Jesus stirbt. Ihn haben nicht nur die getötet, die ihn ans Kreuz geschlagen haben. Seine Todesursache liegt viel tiefer. Das ist die Sünde der Welt, die ihre Todesmacht an ihm austobt. Jesus lässt sich töten ohne Gegenwehr, gewaltlos, um unsere Sünden zu sühnen und dadurch zu vernichten. So groß ist seine Liebe zu uns, dass er sein Leben hingibt. Zugleich ist sein Tod Ausdruck der Liebe des Vaters: »Gott hat die Welt so sehr geliebt, dass er seinen einzigen Sohn hingab« (Joh 3,16). Der Sohn versöhnt nicht einen den Sündern zürnenden Vater, sondern beide, Vater und Sohn, versöhnen die sündige Welt mit sich (2 Kor 5,19), der Vater, indem er den Sohn hingibt (Joh 3,16), der Sohn, indem er sich dem Tod ausliefert und sich für uns hingibt (siehe auch das Kapitel »Getsemani«, S. 121).

Der Vater gibt den Sohn hin, der Sohn gibt sich selbst hin. Darin offenbart Gott sein Innerstes: »Gott ist Liebe« (1 Joh 4,8), siegreiche Liebe, die vor der Sünde nicht kapituliert, sondern der Todesmacht der Sünde standhält, sie überwindet und vernichtet. Jesus »hat im physischen Sterben durch seine durchgehaltene Beziehung zum Vater den Tod umqualifiziert von einem Symbol der Trennung von Gott in ein Durchgangstor zum ewigen Leben« (Karl-Heinz Menke). Er hat unseren Tod auf sich genommen. An unserer Stelle ist er gestorben. Darum ist »sein Sieg auch unser Sieg« (Johannes Chrysostomus). Durch das Tor seines Todes dürfen wir in das ewige Leben eintreten.

Der Soldat durchsticht das Herz Jesu (Joh 19,34). Zur gleichen Zeit zerreißt der Vorhang des Tempels, der den Juden den Zutritt, ja selbst den Blick in das Allerheiligste versperrte (Mt 27,51). Im geöffneten Herzen Jesu steht uns nun der Zugang zu Gott offen. Durch Jesu Tod dürfen wir vor Gottes Antlitz treten, eingehen in die innige Gemeinschaft mit ihm.

Zugleich bezeugt der Evangelist, dass den beiden Mitgekreuzigten die Beine zerschlagen wurden, um den raschen Tod herbeizuführen, Jesus aber die Beine nicht zerschlagen wurden, weil er bereits tot war. Dadurch wird offenbar, dass Jesus als unser wahres Osterlamm geopfert wurde. Denn nach der Weisung der Bibel durfte den Osterlämmern kein Gebein zerbrochen werden (Ex 12,46). Das war Gottes Anordnung beim Schlachten des Lammes vor dem Auszug aus Ägypten. Darum durfte auch am alljährlichen Pessach-Fest beim Schlachten im Tempel dem Lamm kein Bein zerbrochen werden. Beim Abendmahl hat Jesus mit seinem am Kreuz geopferten Leib das wahre Osterlamm zur Speise gereicht. Das Abendmahl Jesu, das wir in der Heiligen Messe feiern, ist darum Ostermahl.

Aus dem geöffneten Herzen floss Blut und Wasser heraus, der Strom des Lebens, sein Leben spendender Geist. »Aus seinem Inneren werden Ströme von lebendigem Wasser fließen. Damit meinte er den Geist, den jene empfangen sollten, die an ihn glauben« (Joh 7,38f.), sagt erläuternd der Evangelist (siehe auch das Kapitel »Der Tempel«, S. 101).

Auf der von Pilatus angeordneten Kreuzesinschrift steht zu lesen: »Jesus von Nazaret, König der Juden«. Vor Pilatus hatte Jesus gesagt: »Ja, ich bin ein König.« Jetzt zeigt er, welcher Art sein Königtum ist: Sein Königsthron ist das Kreuz, seine Königsherrschaft ist eine Herrschaft der Liebe. »Wenn ich über der Erde erhöht bin, werde ich alle an mich ziehen« (Joh 12,32). Mit seinen am Kreuz ausgebreiteten Armen zeigt er uns, dass er uns zu sich und damit in seine Gemeinschaft mit dem Vater holen will, in das unsterbliche Leben Gottes. »Sein Sterben hat uns unsterblich gemacht« (Johannes Chrysostomus).

»Jesus ist nicht gekommen, um das Leid aus dieser Welt hinwegzunehmen, um das Leid zu erklären, aber er ist gekommen, Gottes Liebe und Nähe in das Leid hineinzutragen« (Paul Claudel) und dadurch zu verwandeln.

Vor seinem Hinscheiden gibt Jesus den Jünger, den er liebt, seiner Mutter zum Sohn, und dem Jünger gibt er Maria zur Mutter. Der Jünger trägt keinen Namen; er steht für alle Jünger, die Jesus liebt. Ihnen allen gibt er Maria zur Mutter und bestellt sie damit zur Mutter der Kirche. Maria ist unsere Mutter; sie ist das kostbare Geschenk des sterbenden Herrn an uns.

Das Heilige Grab

Gegen Abend kam ein reicher Mann aus Arimathäa namens Josef; auch er war ein Jünger Jesu. Er ging zu Pilatus und bat um den Leichnam Jesu. Da befahl Pilatus, ihm den Leichnam zu überlassen. Josef nahm ihn und hüllte ihn in ein reines Leinentuch. Dann legte er ihn in ein neues Grab, das er für sich selbst in einen Felsen hatte hauen lasen. Er wälzte einen großen Stein vor den Eingang des Grabes und ging weg. Auch Maria aus Magdala und die andere Maria waren dort; sie saßen dem Grab gegenüber. (Mt 27,57–61)
Josef aus Arimathäa war ein Jünger Jesu, aber aus Furcht vor den Juden nur heimlich. Er bat Pilatus, den Leichnam Jesu abnehmen zu dürfen, und Pilatus erlaubte es. Also kam er und nahm den Leichnam ab. Es kam auch Nikodemus, der früher einmal Jesus bei Nacht aufgesucht hatte. Er brachte eine Mischung aus Myrrhe und Aloe, etwa hundert Pfund. Sie nahmen den Leichnam Jesu und umwickelten ihn mit Leinenbinden, zusammen mit den wohlriechenden Salben, wie es beim jüdischen Begräbnis Sitte ist. An dem Ort, wo man ihn gekreuzigt hatte, war ein Garten, und in dem Garten war ein neues Grab, in dem noch niemand bestattet worden war. Wegen des

Rüsttages der Juden und weil das Grab in der Nähe lag, setzten sie Jesus dort bei. Am ersten Tag der Woche kam Maria von Magdala frühmorgens, als es noch dunkel war, zum Grab und sah, dass der Stein vom Grab weggenommen war. Da lief sie schnell zu Simon Petrus und dem Jünger, den Jesus liebte, und sagte zu ihnen: Man hat den Herrn aus dem Grab weggenommen, und wir wissen nicht, wohin man ihn gelegt hat. Da gingen Petrus und der andere Jünger hinaus und kamen zum Grab; sie liefen beide zusammen dorthin, aber weil der andere Jünger schneller war als Petrus, kam er als Erster ans Grab. Er beugte sich vor und sah die Leinenbinden liegen, ging aber nicht hinein. Da kam auch Simon Petrus, der ihm gefolgt war, und ging in das Grab hinein. Er sah die Leinenbinden liegen und das Schweißtuch, das auf dem Kopf Jesu gelegen hatte; es lag aber nicht bei den Leinenbinden, sondern zusammengebunden daneben an einer besonderen Stelle. Da ging auch der andere Jünger, der zuerst an das Grab gekommen war, hinein; er sah und glaubte. Denn sie wussten noch nicht aus der Schrift, dass er von den Toten auferstehen musste. Dann kehrten die Jünger wieder nach Hause zurück. Maria aber stand draußen vor dem Grab und weinte. Während sie weinte, beugte sie sich in die Grabkammer hinein. Da sah sie zwei Engel in weißen Gewändern sitzen, den einen dort, wo der Kopf, den anderen dort, wo die Füße des Leichnams Jesu gelegen hatten. Die Engel sagten zu ihr: Frau, warum weinst du? Sie antwortete ihnen: Man hat meinen Herrn weggenommen, und ich weiß nicht, wohin man ihn gelegt hat. Als sie das gesagt hatte, wandte sie sich um und sah Jesus dastehen, wusste aber nicht, dass es Jesus war. Jesus sagte zu ihr: Frau, warum weinst du? Wen suchst du? Sie meinte, es sei der Gärtner, und sagte zu ihm: Herr, wenn du ihn weggebracht hast, sag mir, wohin du ihn gelegt hast. Dann will ich ihn holen. Jesus sagte zu ihr: Maria! Da wandte sie sich ihm zu und sagte auf Hebräisch zu ihm: Rabbu-

ni!, das heißt: Meister. Jesus sagte zu ihr: Halte mich nicht fest; denn ich bin noch nicht zum Vater hinaufgegangen. Geh aber zu meinen Brüdern und sag ihnen: Ich gehe hinauf zu meinem Vater und zu eurem Vater, zu meinem Gott und zu eurem Gott. Maria von Magdala ging zu den Jüngern und verkündete ihnen: Ich habe den Herrn gesehen. Und sie richtete aus, was er ihr gesagt hatte. (Joh 19,38–20,18)

Nachdem Jesus vom Kreuz abgenommen worden ist, bestatten sie ihn in einem neuen, nur wenige Meter vom Ort der Kreuzigung entfernten Grab. Das Grab bestätigt die Realität des Todes.

In der Frühe des dritten Tages finden Frauen und Jünger das Grab leer. Ein Engel sagt den Frauen: »Er ist nicht hier; denn er ist auferstanden« (Mt 28,6). Später erscheint der Auferstandene Maria von Magdala (Joh 20,11–18).

Jesus ist von den Toten erstanden. Der Vater hat den am Kreuz gestorbenen Sohn zum Leben erweckt. Dadurch wird der Sieg, den Jesus Christus am Kreuz errungen hat, offenbar. Die Kraft der Liebe Gottes ist größer als die Sünde und der Tod.

Die Auferweckung war keine Reanimation. Jesus ist nicht in das Leben zurückgekehrt, das er zuvor gelebt hatte. Durch Gottes schöpferisches Handeln wurde er in das Leben Gottes hineinverwandelt. Jesus lebt nun auch als Mensch, als der er auf Erden gelebt hat und am Kreuz gestorben ist, mit göttlichem Leben.

Um dies zu beschreiben, haben wir keinen adäquaten Begriff. Er lebt eben Gottes Leben, das unserem Erkenntnisvermögen nicht zugänglich ist. Darum kann sich der Auferstandene bei seinen Erscheinungen auch nicht in seiner göttlichen Herrlichkeit zeigen. Um ihn unvermittelt in seiner Auferstehungsherrlichkeit sehen zu können, müssten wir

Das Ädikulum mit dem Abstieg zum Grab Jesu in der Grabeskirche

selbst auch auferstanden und verwandelt sein. Daher zeigt er sich in Gestalten, die für die Frauen und Jünger wahrnehmbar sind. Maria von Magdala hält ihn zunächst für den Gärtner, für die Emmausjünger ist er ein Wanderer. Wenn Jesus seine Gestalt der Fassungskraft der Jünger anpasst, so erscheint er ihnen nicht als Geist, sondern leibhaft. Er fordert sie sogar auf, ihn zu berühren, damit sie sehen, dass er es wirklich ist, mit dem sie bisher zusammen gewesen waren. Er isst sogar mit ihnen (Lk 24,37–43; Apg 1,4).

Das Johannesevangelium berichtet uns von der Entdeckung des leeren Grabes, von dem Gang von Petrus und dem Lieblingsjünger zum Grab und von der Erscheinung Jesu vor Maria von Magdala. Was sagen uns diese drei Personen?

Der Lieblingsjünger sieht nur das leere Grab und glaubt. Wie kommt er dazu? Er wusste: Für Gott ist nichts unmöglich. Das wusste er aus der langen Geschichte Israels, die in der Bibel überliefert ist. Immer wieder hat Gott Israel oder seine Gesandten, die Propheten, in auswegloser Lage errettet. Denken wir nur an den Auszug Israels aus Ägypten. Immer wieder hat sich Gott als Sieger gezeigt, als Gott des Lebens, der die Tür in die Zukunft öffnet, auch dann, wenn es für die Menschen keinen Ausweg mehr gab. Sollte das jetzt nicht mehr stimmen? Sollte Gott nun der Verlierer sein? Das widerspräche Gott, der sich in der Geschichte stets als der Stärkere, als Sieger gezeigt hat. Auch jetzt, da Jesus, sein Sohn, tot im Grab liegt, muss er der Sieger bleiben. So genügt dem Lieblingsjünger das leere Grab, um zum Glauben an die Auferstehung zu kommen.

So ist er der Erste, auf den die Seligpreisung Jesu zutrifft: »Selig, die nicht sehen und doch glauben« (Joh 20,29). Der Lieblingsjünger wird nicht mit Namen genannt. Er steht nämlich für uns alle. Auch wir sehen den Auferstandenen nicht, und doch glauben wir an ihn. Wir sehen zwar nicht das leere Grab, dafür aber haben wir das Zeugnis der Apostel, die ihn gesehen haben.

Wie Petrus auf den Anblick des leeren Grabes reagiert hat, sagt uns das Evangelium nicht. Doch an späterer Stelle berichtet es uns, dass der Auferstandene dem Petrus erschienen ist. Petrus und die Apostel kommen zum Glauben an die Auferstehung, weil Jesus sich ihnen zeigt; sie dürfen ihn nicht nur sehen, auch mit ihm sprechen, essen und trinken, und das nicht nur einmal, sondern wiederholt. Dadurch macht er sie fähig, Zeugen seiner Auferstehung zu sein. So fasst Petrus bei der Wahl des Matthias die Aufgabe der Apostel zusammen, indem er die Bedingung nennt: Er »muss mit uns Zeuge seiner Auferstehung sein« (Apg 1,22).

Darum genügt es für Petrus nicht, nur das leere Grab gesehen zu haben; er muss auch den auferstandenen Herrn selbst gesehen haben, damit er seine Aufgabe als Zeuge des Auferstandenen erfüllen kann. Wir sehen den Auferstandenen nicht, aber wir haben das Zeugnis der Apostel, die ihn gesehen haben. Auf ihrem Zeugnis beruht unser Glaube an die Auferstehung des Herrn.

Maria Magdalena steht mit Maria, der Mutter Jesu, und dem Lieblingsjünger unter dem Kreuz. Sie geht am Ostermorgen als Erste ans Grab; sie bleibt dort, während die beiden Jünger wieder nach Hause gehen. Ihre Liebe ist so groß, dass sie sich auch durch den Tod nicht von Jesus trennen lassen will. Sie will auch noch den toten Jesus haben. »Wenn du ihn weggebracht hast, sag mir, wohin du ihn gelegt hast. Dann will ich ihn holen«, sagt sie zu Jesus. Als Erste darf sie den Auferstandenen sehen. Beim ersten Anblick erkennt sie ihn noch nicht und meint, es sei der Gärtner. Als Jesus sie dann mit ihrem Namen anspricht, gehen ihr die Augen auf. Sie erkennt ihn und will ihn festhalten. Doch Jesus sagt zu ihr: »Halt mich nicht fest; denn ich bin noch nicht zum Vater hinaufgegangen« (Joh 20,17). Damit gibt er zu verstehen, dass das endgültige Zusammensein mit ihm uns noch nicht in dieser Welt, sondern erst beim Vater im Himmel zuteilwird. Jetzt gilt es, für den Auferstandenen Zeugnis zu geben. Darum sendet er sie als Botin seiner Auferstehung zu den Jüngern.

Der Glaube des Lieblingsjüngers, das Zeugnis des Petrus und der Apostel und die Liebe der Maria Magdalena bezeugen uns nicht nur die Tatsache der Auferstehung; sie zeigen uns auch den Weg, in eine so tiefe Gemeinschaft mit dem auferstandenen Herrn zu gelangen, dass Paulus uns sagen kann: »Ihr seid mit Christus auferweckt« (Kol 3,1); und er fügt hinzu, dass unser Leben mit Christus jetzt noch verborgen ist in Gott. Aber am Ende der Zeit wird es offenbar werden. »Wenn Christus, unser Leben, offenbar wird, dann werdet auch ihr mit ihm offenbar werden in Herrlichkeit« (Kol 3,4), versichert uns der Apostel. Das ist die Hoffnung, die unser Leben trägt, ja die Hoffnung für die ganze Welt.

So führen uns die drei Zeugen des Ostermorgens zum Grund unserer Hoffnung, die unser Leben in die Zukunft trägt, auch durch den Tod hindurch bis hinein in unsere Auferstehung mit Christus: »Nun aber ist Christus von den Toten auferweckt worden als der Erste der Entschlafenen. Da nämlich durch einen Menschen der Tod gekommen ist, kommt durch einen Menschen auch die Auferstehung der Toten. Denn wie in Adam alle sterben, so werden in Christus alle lebendig gemacht werden« (1 Kor 15,20–22).

Das Heilige Grab in Jerusalem ist der Ort, von dem aus der Auferstandene auch auf uns zukommt, wie bei Maria Magdalena. Aus ihm strömt uns das Leben Gottes zu.

Die Dormitio-Abtei – Hagia Maria Zion

Die Mutter aller Kirchen

Nach der Himmelfahrt des Herrn kehrten die Jünger vom Ölberg nach Jerusalem zurück und gingen in das Obergemach hinauf, wo sie nun ständig blieben. Dort war auch Maria, die Mutter Jesu, in ihrer Mitte (Apg 1,12–14).

In diesem Obergemach hatte Jesus mit ihnen das Abendmahl gefeiert, dort ist auch an Pfingsten der Heilige Geist auf sie herabgekommen. Dieser Ort wurde ihre Bleibe und für die kommenden Generationen ein heiliger Ort.

Ursprünglich trug Jerusalem und besonders der Tempelberg mit dem Heiligtum den Namen Zion. Im Alten Testament ist Zion das Zentrum des göttlichen Segens, von Gott erwählt zu seinem Wohnsitz: »Der Herr hat den Zion erwählt, ihn zu seinem Wohnsitz erkoren. Das ist für immer der Ort meiner Ruhe; hier will ich wohnen, ich hab ihn erkoren« (Ps 132,13f.).

Nach der Zerstörung des Tempels wanderte der Name auf die südöstlich gelegene Anhöhe, die nunmehr Zion heißt. Dieser Name ist der Inbegriff des Heils auch im Neuen Testament und steht für den Ort, an dem die junge Kirche entsteht und heranwächst. Der Hebräerbrief sagt zu denen, die Christen geworden sind: »Ihr seid vielmehr zum Berg Zion hingetreten, zur Stadt des lebendigen Gottes, dem himmlischen Jerusalem, zu Tausenden von Engeln, zu einer festlichen Versammlung und zur Gemeinschaft der Erstgeborenen, die im Himmel verzeichnet sind; zu Gott, dem Richter aller, zu den Geistern der schon vollendeten Gerechten, zum Mittler eines neuen Bundes, Jesus, und zum Blut der Besprengung, das mächtiger ruft als das Blut Abels« (Hebr 12,22–24).

Weil an dieser Stelle die Bleibe der Apostel war, nannte man die erste Kirche dort »Kirche der Apostel«. Hier begann die Kirche zu leben und zu wachsen. Diese Kirche wurde später zur Hagia-Zion-Basilika ausgebaut. Die Kirche wurde von den Kreuzfahrern errichtet und der Gottesmutter geweiht (*Sancta Maria in Monte Sion* – »Hl. Maria auf dem Berg Zion«), aber nach ihrem Weggang aus dem Heiligen Land zerstört.

Das zentrale Gründungsereignis der Kirche ist der Tod und die Auferstehung Jesu. Dies aber wirkt sich aus in der Sendung des Heiligen Geistes, der an Pfingsten auf dem Zion auf die Jünger herabkam und die vielen, die den Geist empfingen, zur ersten Gemeinde zusammenfügte. Die Urgemeinde, die auf dem Zion in Jerusalem unter der Leitung des Petrus und der Apostel lebte, ist »die Mutter aller Kirchen«. Denn von hier aus wuchs die Kirche in die Welt hinaus. All unsere Bistümer und Pfarreien stammen von dieser Urgemeinde ab. Die Apostelgeschichte erzählt uns im ersten Teil das Leben dieser Gemeinde (Apg 2–8).

Heute halten die Mönche der Dormitio-Abtei diese heilige Stätte durch ihr immerwährendes Gebet für uns lebendig.

Die Dormitio-Abtei auf dem Zion

Die 1910 geweihte Abteikirche erhielt den Titel des Heimgangs (*Dormitio*, d. h. Entschlafung) Mariens. Denn nach alter Überlieferung ging auf dem Zion Marias Erdenleben zu Ende.

In der Heiligen Schrift begegnet uns die Gottesmutter in Jerusalem im Rahmen der Kindheitsgeschichten Jesu bei der Darstellung im Tempel und bei der Suche nach dem Zwölfjährigen. Dann ist sie wieder in der Stadt bei der Kreuzigung ihres Sohnes und nach der Himmelfahrt Jesu im Obergemach, wo sie mit den Aposteln um das Kommen des Geistes betet.

Es liegt nahe, dass Maria in der jungen Christengemeinde in Jerusalem lebte. Denn sie war ja von Jesus zur Mutter seiner Jünger, zur Mutter der Kirche bestellt worden. Das war die neue Familie, die Jesus begründet hat. Alte Berichte sprechen vom Leben Mariens in der Jerusalemer Gemeinde. Die legendären Züge dieser Berichte ranken sich um den historischen Kern, den Auf-

Die Dormitio-Abtei auf dem Zion

enthalt Mariens in Jerusalem. Ein vorübergehender Aufenthalt in Ephesus ist damit nicht ausgeschlossen.

Dort in der Gemeinde auf dem Zion ist sie auch zu Gott heimgegangen. Dass der Ort, an dem die Kirche an Pfingsten zum ersten Mal in Erscheinung getreten ist und von da aus ihren Weg in die Welt begonnen hat, heute durch eine Marienkirche geheiligt ist, verweist uns auf die tiefe Verbindung zwischen Maria und der Kirche, die die Zeiten überdauert.

Um diese Verbindung auszudrücken, nennt das Zweite Vatikanische Konzil Maria, eine alte Überlieferung aufgreifend, Typus und Urbild der Kirche: Maria »wird als überragendes und völlig einzigartiges Glied der Kirche wie auch als ihr Typus und klarstes Urbild im Glauben und in der Liebe gegrüßt, und die katholische Kirche verehrt sie, vom Heiligen Geist belehrt, in kindlicher Liebe als geliebte Mutter« (Lumen gentium Nr. 53).

Maria »ist mit der Kirche auf das Innigste verbunden. Die Gottesmutter ist, wie schon der heilige Ambrosius lehrte, der Typus der Kirche unter der Rücksicht des Glaubens, der Liebe und der vollkommenen Einheit mit Christus. Im Geheimnis der Kirche, die ja auch selbst mit Recht Mutter und Jungfrau genannt wird, ist die selige Jungfrau Maria vorangegangen, da sie in hervorragender und einzigartiger Weise das Urbild sowohl der Jungfrau wie der Mutter darstellt« (Lumen gentium Nr. 63). Und in der Präfation des Festes der Aufnahme Mariens in den Himmel nennen wir Maria »Urbild der Kirche in ihrer Vollendung«.

Von Maria fällt Licht auf die Kirche, das auch unser Leben erhellt.

Das Mariengrab

Nachdem Maria auf dem Zionsberg am Ende ihrer irdischen Pilgerschaft entschlafen war, bestattete man ihren Leib im tiefen Kedrontal innerhalb eines allgemeinen Friedhofs. Die Jerusalemer Lokaltradition, dass Maria an dieser Stelle bestattet wurde, reicht in das 2., vielleicht sogar in das 1. Jahrhundert zurück. Man hat später ihr Grab freigelegt und Raum für die Besucher geschaffen. Im 5. Jahrhundert wurde eine Kirche über dem Grab errichtet. Im Gewölbe über dem Grab ließ man eine »Himmelsöffnung« frei.

Das Grab ist leer, wie das Grab Jesu. In der Heiligen Schrift finden wir keine explizite Aussage, was nach dem Tod mit Maria geschah. Doch der Glaubenssinn des Gottesvolkes erkannte, geführt vom Heiligen Geist (vgl. Joh 16,13), im biblischen Marienbild, dass Maria mit Leib und Seele in den Himmel aufgenommen wurde.

Das Bild, das die Bibel von Maria zeichnet, ist außergewöhnlich: Sie ist die jungfräuliche Mutter des Sohnes Gottes, voll der Gnade, ohne einen Makel der Sünde; als neue Eva steht sie dem neuen Adam als Gehilfin beim Werk der Erlösung zur Seite. Der Glaubenssinn der Kirche erkannte, dass zu ihrer einzigartigen Verbundenheit mit ihrem Sohn auch die leibhafte Aufnahme in den Himmel gehört. Als neue Eva hat sie teil am Sieg, den der neue Adam Jesus Christus in der Auferstehung über den Tod errungen hat. Es ist bezeichnend, dass von Maria nie Körperreliquien erwähnt werden, wohl aber von den Aposteln. Was durch die Jahrhunderte hindurch verkündet, geglaubt und gefeiert wurde, hat Papst Pius XII. am 1. November 1950 mit Gewissheit festgestellt, indem er in unfehlbarer Lehrentscheidung erklärte: Die leibhafte Aufnahme Mariens in den Himmel gehört zum Glauben der Kirche.

Die in den Himmel aufgenommene Gottesmutter ist ein Zeichen der Hoffnung für uns. Der Apostel Paulus schreibt: »Nun aber ist Christus von den Toten auferweckt worden als der Erste der Entschlafenen. Da nämlich durch einen Menschen der Tod gekommen ist, kommt durch einen Menschen auch die Auferstehung der Toten. Denn wie in Adam alle sterben, so werden in Christus alle lebendig gemacht werden« (1 Kor 15–22). Jesus Christus ist als Erster von den Toten erstanden. Er steht am Anfang. Maria ist die Erste, die ihm folgen durfte. Sie zeigt uns: Die Auferstehung geht weiter. Wie sie bereits in Christus lebendig gemacht wurde, werden auch wir einst in ihm lebendig gemacht werden. Die Öffnung über dem Grab Mariens richtet unseren Blick nach oben, wo Maria als Auferstandene bei ihrem Sohn lebt und wo auch wir einmal leben werden.

Schluss

An jeder heiligen Stätte begegnen wir Jesus und lassen uns von ihm sagen und zeigen, was er für uns getan hat. In seinen Worten und Taten scheint auf, wer er ist: In diesem Menschen Jesus von Nazaret kommt Gott auf uns zu, auch heute, um uns an sich zu ziehen (Joh 12,32) und uns dorthin mitzunehmen, wo er zuhause ist, ans Herzen des Vaters (Joh 1,18).

Als Thomas dem Auferstandenen begegnen durfte, gab er mit seinem Glaubensbekenntnis die Antwort: »Mein Herr und mein Gott!« (Joh 20,28). Das ist auch unsere Antwort, die wir dem Herrn geben, dem wir nicht nur an den heiligen Stätten begegnen, sondern auch täglich in unserem Leben.

Text- und Bildnachweis

Texte:

Bibelzitate sind entnommen der Einheitsübersetzung der Heiligen Schrift.

Quelle des Weizmann-Zitats (S. 10f.): http://www.segne-israel.de/dokumente/weizmann.htm, Abruf am 28. 11. 2012

Text S. 58 aus: Thomas Söding, Kommt her zu mir! Die Botschaft des Matthäusevangeliums, Freiburg–Basel–Wien 2009, S. 46.

Abbildungen:

S. 8: © Verlag Herder
S. 14/15: © privat
S. 28: © KNA-Bild
S. 32/33: © pokku / shutterstock
S. 35: © Asaf Eliason / shutterstock
S. 40: © Burkhard Menke
S. 47: © Burkhard Menke
S. 52/53: © kavram / shutterstock
S. 57: © Gaby Fitz / shutterstock
S. 72/73: © Zvonimir Atletic / shutterstock
S. 75: © Yosefer / shutterstock
S. 76/77: © Protasov AN / shutterstock
S. 79: © Wikimedia commons / David Bjorgen
S. 84/85: © Flügelwesen / photocase.com
S. 92/93: © avner / shutterstock
S. 94: © Verlag Herder
S. 103: © SeanPavonePhoto / shutterstock
S. 113: © lizage / shutterstock
S. 127: © Marco Plassio, Wikimedia Commons
S. 157: © Creative commons / Berthold Werner
S. 163: © Wikimedia commons
S. 169: © Oleg Babich / shutterstock

Herbert Haag
Biblisches Wörterbuch

448 Seiten, broschiert
ISBN 978-3-451-06243-8

Auskunft zur Bibel und ihrer Welt:

- Klar und übersichtlich, mit über 800 Stichwörtern von Aaron bis Zyrene
- Präzise Informationen über Personen, Orte und Dinge der Bibel
- Basiswissen zum Verständnis aller biblischen Schriften
- Mit Abbildungen und Karten, Übersichten und Zeittafeln

HERDER